Sammlung Vandenhoeck

V&R

Karl König

Kleine psychoanalytische Charakterkunde

8. Auflage

Vandenhoeck & Ruprecht

Bibliografische Informationen Der Deutschen Bibliothek

Die Deutsche Bibliothek verzeichnet diese
Publikation in der Deutschen Nationalbibliografie;
detaillierte bibliografische Daten sind im Internet
über <http://dnb.ddb.de> abrufbar.

ISBN 3-525-01417-1

8. Auflage

Printed in Germany
Druck und Einband: Hubert & Co., Göttingen

Inhalt

Vorwort 7

Einführung 9

Die Entwicklung der Strukturen und ihrer Objektbeziehungen 20

Die narzißtische, die schizoide und die Borderline-Struktur 20

Die depressive Struktur. 25

Die zwanghafte und die phobische Struktur 29

Die hysterische Struktur 34

Kombinationen und Varianten. 42

Adoleszenz und Charakterentwicklung 45

Zentrale Beziehungswünsche bei den verschiedenen Strukturen 50

Dyadische Fixierung als Charaktereigenschaft 57

Beobachtbares Verhalten und Charakterstruktur 60

Die gesellschaftliche Bewertung der Strukturen 65

Zum Umgang mit Utopien 70

Arbeitsverhalten 72

Allgemeines zum Arbeiten 72

Narzißtisches Arbeitsverhalten 74

Schizoides Arbeitsverhalten 75

Depressives Arbeitsverhalten 78

Zwanghaftes Arbeitsverhalten 80

Phobisches Arbeitsverhalten 85

Hysterisches Arbeitsverhalten 86

Zum Freizeitverhalten 90

Urlaubsverhalten 92
Narzißtisches Urlaubsverhalten 92
Schizoides Urlaubsverhalten 93
Depressives Urlaubsverhalten 94
Zwanghaftes Urlaubsverhalten 96
Phobisches Urlaubsverhalten 98
Hysterisches Urlaubsverhalten 99

Charakterstrukturen in Institutionen 103
Die narzißtische Struktur in Institutionen 103
Die schizoide Struktur in Institutionen 107
Die depressive Struktur in Institutionen 110
Die zwanghafte Struktur in Institutionen 112
Die phobische Struktur in Institutionen 114
Die hysterische Struktur in Institutionen 117

Charakterstruktur und Alter 120

Zitierte Literatur 128

Empfohlene Literatur 130

Glossar 135

Vorwort

Dieses Buch ist für alle gedacht, die in ihrem Beruf mit Menschen zu tun haben und dafür nach einem psychoanalytisch begründeten Verständnis suchen.

Der Charakter beeinflußt den Umgang mit anderen Menschen und das Arbeitsverhalten. Er hat Einfluß darauf, wie jemand seine Freizeit und seinen Urlaub verbringt, mit wem er gern umgeht und welche Prognose seine Partnerschaft haben wird. Vom Charakter hängt es weitgehend ab, was für ein Patient er ist und was für ein Arzt, Psychologe, Lehrer oder Sozialarbeiter.

Auf die psychoanalytische Fachsprache habe ich, so weit es mir möglich war, verzichtet. Psychoanalytiker benutzen nur wenige Fachausdrücke, wenn sie miteinander über Patienten sprechen. Sie versuchen, das Erleben und Verhalten dieser Menschen und die Kräfte, die in ihnen wirksam sind und ihr Erleben und Handeln bestimmen, erlebensnah zu beschreiben. Da ist die Fachsprache eher hinderlich. Sie kann auch gefährlich sein: Man glaubt einen Menschen schon verstanden zu haben, wenn es gelungen ist, ihm eine Reihe Fachausdrücke zuzuordnen. Einige zentrale, kliniknahe Begriffe wurden aber doch verwendet, vor allem im ersten Teil, der allgemeine theoretische Grundlagen vermittelt. Sie sind im Glossar kurz definiert. Damit die einzelnen Kapitel auch für sich verständlich sind, habe ich Wichtiges wiederholt.

Mein Buch ist auch als eine Alternative zu RIEMANNS "Grundformen der Angst" gedacht. Das Buch wird ein Klassiker bleiben, doch besteht mittlerweile ein Bedarf für ein neueres, das den aktuellen Stand berücksichtigt.

Im Unterschied zu RIEMANN beschreibe ich mehr die problematischen Seiten einer Struktur. Aus ihnen entstehen schließlich die Probleme, mit denen zum Beispiel der Angehörige eines sozialen Berufes umgehen muß. Welche Probleme sich bei den verschiedenen Strukturen von Patient und Therapeut unter den besonderen Verhältnissen einer psychoanalytischen Therapie ergeben, habe ich in meinem Buch *Praxis der psychoanalytischen Therapie* (1991) dargestellt. Hier nehme ich nur gelegentlich auf therapeutische Zusammenhänge Bezug, um Eigenschaften der Strukturen zu illustrieren. Im Unterschied zu RIEMANN beschreibe ich in diesem Buch auch die narzißtische Struktur und grenze sie gegenüber der schizoiden (schizotypischen) Struktur ab. Das entspricht in etwa - keineswegs ganz - dem gegenwärtigen Sprachgebrauch im angelsächsischen Sprachraum. Ich finde eine solche Unterscheidung auch deshalb gerechtfertigt, weil narzißtische und schizoide Struktur in ihrer Entstehung, in ihrer inneren Dynamik und in ihren Auswirkungen gut voneinander zu unterscheiden sind. Zu RIEMANNS Zeiten war eine solche Unterscheidung noch nicht gut möglich; heute wissen wir mehr. Daß eine phobische Struktur von der zwanghaften unterschieden werden sollte, habe ich schon in meinem Buch *Angst und Persönlichkeit* (1991[3]) vertreten.

Das vorliegende Buch ist nicht in erster Linie aus anderen Büchern entstanden. Es basiert auf Erfahrungen in der therapeutischen Arbeit mit eigenen Patientinnen und Patienten, aber auch mit Kolleginnen und Kollegen in Lehranalysen, Selbsterfahrungsgruppen und in der Supervision.

Wenn ich nicht im Laufe meiner mehr als zwanzigjährigen Tätigkeit als Psychotherapeut, in der Fachklinik für psychogene und psychosomatische Erkrankungen Tiefenbrunn, an der Abteilung für klinische Gruppenpsychotherapie der Georg August Universität Göttingen und am Göttinger psychoanalytischen Institut, viele Patienten gesehen hätte, die mir von Kolleginnen und Kollegen vorgestellt wurden, wäre es mir nicht möglich gewesen, dieses Buch so zu schreiben. Allen, von denen ich dabei lernen konnte, gilt mein Dank.

Ich danke REINHARD KREISCHE für die Erlaubnis, einige Passagen über nonverbale Kommunikation aus unserem gemeinsamen Buch *Psychotherapeuten und Paare* (1991) zu übernehmen. Mit ihm, JOACHIM BISKUP, GERLINDE HERDIECKERHOFF und FALK LEICHSENRING in der Abteilung für klinische Gruppenpsychotherapie der Universität Göttingen habe ich anläßlich von Fallkonferenzen und Literaturkolloquien viele Aspekte der psychoanalytischen Persönlichkeitslehre immer wieder diskutiert. Ihnen verdanke ich Anregungen und nützliche Kritik. Ich danke ELSBETH WILDHAGEN für Schreibarbeiten, SUSAN LATHE und ANGELIKA STICHERLING für das Beschaffen von Literatur. Sie haben alle schnell und zuverlässig gearbeitet und Geduld mit mir gehabt. Geduld hatte auch meine Frau GISELA. Mit ihr habe ich, wenn wir beide Lust dazu hatten, über die Dinge diskutiert, um die es in diesem Buch geht; besonders auch über die Rolle der Frau - ein weites Feld.

Einführung

Als Charakter bezeichne ich die für ihn typischen Erlebensweisen und Verhaltensweisen eines Menschen.

Es gibt einfache Situationen, in denen die meisten Menschen gleich reagieren: Wer an eine heiße Herdplatte faßt, zieht die Hand zurück. Das geschieht reflektorisch, man braucht nicht nachzudenken. Dennoch ist das Bewußtsein beteiligt: Menschen, die wegen einer neurologischen Erkrankung keinen Schmerz *empfinden* können, werden die Hand nicht zurückziehen. Wird das Bewußtsein eines Menschen durch eine Narkose ausgeschaltet, kann man an ihm Operationen durchführen, ohne daß er Schmerz empfindet und sich entsprechend verhält.

Ein Schmerz kann auch *ausgehalten* werden. Jemand, der eine Injektion bekommt, zieht den Arm nicht zurück, weil er annimmt, daß der Schmerz ausgehalten werden muß, damit ein Medikament zur Wirkung kommen kann. Er verspricht sich davon, daß es ihn gesund macht oder ihm andere Schmerzen nimmt. Der Schmerz des Einstichs wird ausgehalten, weil ein starkes Motiv da ist, das zu tun.

Von Mensch zu Mensch ist die Schmerzempfindlichkeit verschieden; wie jemand auf Schmerz reagiert, hängt auch mit seinen Vorerfahrungen zusammen. Wenn eine vorangegangene Injektion sehr schmerzhaft war, wird er den Arm eher zurückziehen; wenn er fest an die Wirkung des Medikaments glaubt, weil er Vertrauen zu dem Arzt gefaßt hat, wird er es dennoch nicht tun.

Schmerz gehört zu den Unlustempfindungen. Es gibt auch andere Unlustempfindungen: Hunger-, Durst-, Kälte-, Hitzeempfinden. Es gibt die verschiedenartigsten Lustempfindungen beim Essen, beim Trinken, wenn die Umgebungstemperatur angenehmer wird und man sich deshalb wohlfühlt, es gibt die sexuellen Lustempfindungen.

Die Summe der Lust- und Unlusterfahrungen, die man mit seiner Umwelt macht, geht in den Charakter ein. Nicht alle Erfahrungen von Lust und Unlust werden erinnert. Sie können auch aus dem Bewußtsein ausgeschlossen sein, aber dennoch wirken.

Den größten Einfluß auf die Entwicklung des Charakters haben die Erfahrungen der ersten fünf Lebensjahre; der Charakter verändert sich aber, solange ein Mensch lebt. In seinen Grundzügen wird er in der Kindheit festgelegt.

Mit Reizen, die von außen, aber auch aus dem Inneren eines Menschen kommen, geht dieser Mensch auch entsprechend seinen Vorerfahrungen um. Seine Vorerfahrungen bewirken, daß er manche Reize intensiver empfindet, andere blendet er aus. Die Vorerfahrungen beeinflussen so den Umgang mit allem, was an Reizen auf einen Menschen aus seinem Inneren und aus der Umwelt zukommt. Aber nicht nur die *Vergangenheit* ist wirksam. Auch die *aktuelle Lebenssituation* eines Menschen - besonders die Beziehungen, die er hat - wirken darauf ein, wie er mit neuen Erfahrungen umgeht. Fühlt sich jemand in seinen Beziehungen abgesättigt, wird er weniger motiviert sein, neue Beziehungen einzugehen, als wenn er einsam ist.

Der Charakter entsteht aus verarbeiteten Beziehungserfahrungen. Ein *konstitutioneller* Faktor ist beteiligt; darauf soll später noch eingegangen werden.

Charaktere sind vielleicht schon bezeichnet und beschrieben worden, seit es Lebewesen gibt, die sprechen können. Dichter haben das sehr differenziert getan; man denke an PROUST, TOLSTOI oder DOSTOJEWSKI. Diese Autoren haben die innere Dynamik eines Charakters und seine Veränderungen unter aktuellen Einflüssen der Umwelt dargestellt. Wer ihre Bücher liest, kann verstehen, warum die beschriebenen Personen so und nicht anders gehandelt haben. Dichter haben auch beschrieben, wie Menschen zu dem werden, was sie sind. Dichter wissen vieles, was Psychoanalytiker sich mühsam erarbeiten.

Die Psychoanalyse beschreibt Charaktertypen und leitet ihre Entstehung aus Umwelteinflüssen ab. Die Charaktertypen, um die es in diesem Buch gehen soll, sind aus der Arbeit mit Kranken entwickelt worden. Das drückt sich in den Bezeichnungen aus. Man spricht von narzißtischen, schizoiden oder schizotypischen, von depressiven, zwanghaften, phobischen und hysterischen Strukturen. Diese Bezeichnungen haben Bezug zu den krankheitsbildenden Neurosen: der narzißtischen Neurose, der schizoiden Neurose, der neurotischen Depression, der Zwangsneurose, der Phobie und der Hysterie.

Eine Struktur ist aber nicht *per se* etwas Krankhaftes. Alle Menschen können diesen Strukturen zugeordnet werden. Es gibt einen kontinuierlichen Übergang vom Kranken, der neben seinen Symptomen auch bestimmte Persönlichkeitsmerkmale aufweist, zu Menschen hin, die man allgemein als gesund ansieht. Wenige Menschen sind nur *einer* Struktur zuzuordnen. Meist hat man es mit *Kombinationen* zu tun; darauf werde ich später noch eingehen. Zumeist sollen in diesem Buch aber idealtypische Charakterbilder und deren typische Entstehung beschrieben werden.

In den Charakterstrukturen werden menschliche Grundkonflikte verarbeitet: in der *schizoiden* Struktur der Konflikt zwischen dem Wunsch, Individualität aufzugeben, und dem Wunsch, als Individuum erhalten zu bleiben; bei der *narzißtischen* Struktur zwischen dem Wunsch, anderen Menschen wichtig, und dem Wunsch, von ihnen unabhängig zu sein; bei der *depressiven* zwischen dem Wunsch, von anderen versorgt zu werden, und dem Wunsch, sich selbst und andere zu versorgen; bei der *zwanghaften* Struktur zwischen dem Wunsch, eigene Triebwünsche ungeregelt und durch niemanden beeinflußt durchzusetzen, und dem Wunsch, jeden eigenen Triebwunsch so zu kontrollieren und zu beherrschen, daß nichts passiert, was andere und der Zwanghafte selbst aus moralischen Gründen ablehnen. Bei der *phobischen* Struktur ist es der Konflikt zwischen dem Wunsch, die eigenen Triebwünsche auszuleben - wie bei der zwanghaften Struktur -, und dem Wunsch, sozial akzeptiert zu sein.

Ödipale Konflikte, die bei der hysterischen Struktur eine besondere Rolle spielen, gibt es mehrere: den Konflikt zwischen dem Wunsch, vom gegengeschlechtlichen Elternteil als vollwertiger Partner, besonders auch in den Geschlechtseigenschaften, anerkannt zu werden, und dem Wunsch, die Liebe des gleichgeschlechtlichen Elternteils zu behalten; weiter den Konflikt zwischen dem Wunsch, als vollwertiger Partner des gleichgeschlechtlichen Elternteils anerkannt zu werden und dem Wunsch, die Liebe des gegengeschlechtlichen Elternteils zu behalten. Darüber hinaus gibt es einen Konflikt zwischen dem Wunsch, so zu sein wie die Mutter, und dem Wunsch, so zu sein wie der Vater.

Mit den hier genannten Bezeichnungen für bestimmte Strukturen wird der Leser vielleicht noch nicht viel anfangen können. Was damit im einzelnen gemeint ist, wie sie entstehen und wie sie sich auswirken, erfährt er aus den folgenden Kapiteln.

Eine jede Sozialisation verstärkt bestimmte Konflikte und erleichtert den Umgang mit anderen. Jede Kultur fordert Triebaufschub oder Triebverzicht (FREUD 1930). Werden Triebaufschub und Triebverzicht im Laufe der Sozialisation gelernt, ergeben sich *innere* Konflikte. Werden sie nicht gelernt, kommt es später zu *äußeren* Konflikten: mit der Gesellschaft, deren Ansprüche an die Sozialisation nicht erfüllt worden sind. In Zeiten gesellschaftlichen Wandels oder sozialen Umbruchs werden die überkommenen Vorstellungen von Sozialisation in Frage gestellt. Sie hinken den Anforderungen der sich ändernden Umwelt hinterher. Manchmal eilen sie den Veränderungen auch voraus. Progressive Eltern sozialisieren ihre Kinder für eine Zukunft, die so nicht eintritt, etwa für eine Utopie. Die Kinder geraten dann in Konflikt mit der Gesellschaft, tragen dazu bei, sie zu verändern, oder resignieren oder scheitern.

Triebverzicht wird manchmal belohnt, manchmal nicht. Er kann in der Familie belohnt worden sein, später aber nicht, weil er überflüssig ist; der Erwachsene hat vielleicht mehr Freiräume. Eine Therapie hat unter anderem das Ziel, diese Freiräume zugänglich und nutzbar zu machen. Triebaufschub kann dazu führen, daß einer lernt, Vorfreude zu genießen; Vorfreude auf Essen oder Trinken, auf Sexualität, auf gemütliches Zusammensein, auf eine Reise. Triebbefriedigung kann durch Triebaufschub erreicht werden, wo der Versuch, die Triebimpulse sofort durchzusetzen, nicht zu Lust, sondern zu Unlust geführt hätte, weil er von anderen Menschen nicht toleriert worden wäre. In der Psychoanalyse spricht man von der Beachtung des Realitätsprinzips. Man kann einen Apfel in einem Obstgeschäft nicht einfach nehmen und essen, man muß ihn erst bezahlen. Sexuelle Impulse können oft erst viel später umgesetzt werden, als sie auftreten, wie jeder weiß.

Wie hoch der Anteil der *Anlagen* und wie hoch der Anteil der *Umwelt* an der Entstehung der Charakterstruktur eines Menschen ist, läßt sich heute noch schwer sagen. Wahrscheinlich spielen die Anlagen eine größere Rolle, als Psychoanalytiker bisher angenommen haben. Daß verschiedene Stämme der gleichen Tierspezies, unter gleichen Bedingungen aufgezogen, unterschiedliches Verhalten zeigen, weiß man schon lange. In den letzten zwanzig Jahren haben Zwillingsuntersuchungen (zum Beispiel HEIGL-EVERS u. SCHEPANK 1980) gezeigt, daß Verhalten auch bei Menschen zu einem guten Teil anlagenbedingt ist. Es vererben sich nicht nur Intelligenz und körperliche Konstitution, sondern auch die Anlagen zur Entwicklung von Erlebens- und Verhaltensweisen. Der Mensch kommt also nicht als unbeschriebenes Blatt zur Welt. Man könnte ihn mit einem Computer vergleichen, der unterschiedlich programmiert werden kann, selbst aber in seinem Betriebssystem Grundstrukturen mitbringt, die festlegen, wie er auf bestimmte Programmierbefehle reagieren wird. So nimmt zum Beispiel KERNBERG (1978) an, daß bei späteren Borderline-Strukturen von vornherein ein hohes Maß an erbgenetisch bedingter Aggressivität vorhanden sein könnte (siehe auch den Abschnitt zur Entwicklung der narzißtischen, schizoiden und Borderline-Struktur). Säuglingsbeobachtungen (Lit. bei LICHTENBERG 1987) haben gezeigt, daß der Säugling schon mit einem komplizierten Kommunikationssystem auf die Welt kommt, das sich von Individuum zu Individuum in seiner Leistungsfähigkeit und in den Schwerpunkten seiner Leistungsfähigkeit unterscheidet, so daß es eben auch vom Säugling abhängt, wie in der Mutter-Kind-Dyade kommuniziert werden kann.

Manche Psychoanalytiker hören es nicht gern, wenn man ihnen sagt, daß auch sie mit den Genen zu rechnen haben. Eigentlich wissen das alle; gleichzeitig fühlen sich manche wohl in der Illusion, man könne einen Menschen unbegrenzt verändern, um so grundlegender, je mehr die psychoanalytische Technik weiterentwickelt wird.

In Wahrheit können Befunde, die auf eine stärkere Beteiligung des Erbgutes hinweisen, den Psychoanalytikern nichts nehmen als nur jene Illusion. An den Ergebnissen unserer Therapien ändern diese Befunde nichts. Das Erbgut ist an der Persönlichkeitsentwicklung beteiligt, aber es ist unveränderbar: auch wenn es irgendwann einmal gelänge, das Erbgut sehr differenziert zu manipulieren, ginge das wahrscheinlich nicht mehr, sobald ein Mensch geboren ist. Wenn es aber doch gelänge, die Auswirkungen bestimmter genetischer Strukturen auf das Erleben und Verhalten des Menschen zu verändern, vielleicht durch bestimmte Medikamente, könnten doch kaum die Erfahrungen ungeschehen gemacht werden, die ein Mensch im Laufe seines Lebens auch unter dem Einfluß dieser inneren Strukturen in seiner Umwelt gesammelt hat. Nach wie vor könnten nur Umlernprozesse die Folgen dieser Erfahrungen verändern, Umlernprozesse, wie sie in allen Psychotherapien, gleich welcher Schulrichtung, stattfinden. Man müßte immer noch entscheiden, ob man das bisher Erlernte so beläßt, wie es ist, und nur seine Auswirkungen - etwa durch wieder andere Medikamente - beeinflußt, oder ob man sich entscheidet, dem Individuum Gelegenheit zu geben, das Erlernte selbst in einer Psychotherapie zu verändern.

Dieses Buch ist nun in erster Linie für Menschen in sozialen Berufen geschrieben, die mit ihren Klienten keine jahrelangen Therapien machen können. Oft müssen sie ihre Klienten einfach so nehmen, wie sie sind. Sie können mit ihnen aber besser umgehen, wenn sie deren Erleben und Verhalten besser verstehen. Für sie ist die Frage, inwieweit eine Persönlichkeitsstruktur veränderlich sei, nicht unmittelbar relevant - höchstens insoweit, als sie sich manchmal überlegen müssen, ob eine strukturverändernde Psychotherapie angebracht und möglich sei. Das kann wieder am besten ein Psychotherapeut entscheiden, und der wird seine Empfehlung nach den Erfahrungen ausrichten, die er selbst und die andere Psychotherapeuten mit ähnlichen Patienten in ihren Therapien gesammelt haben. Er wird einschätzen können, ob eine Psychotherapie Erfolg verspricht oder nicht. Wie weit eine erbgenetische Festlegung bei einem bestimmten Patienten eine Therapie erschwert oder unmöglich macht, ist in diesem Zusammenhang interessant, der Therapeut muß es aber nicht wissen, um sich entscheiden zu können.

So gibt es auch für den psychoanalytisch orientierten Therapeuten eine "black box"; sie enthält nicht die innere Dynamik eines Patienten, von der Verhaltenstherapeuten in der Frühphase der Entwicklung ihrer Schule gerne abstrahierten; für die interessiert sich der Psychoanalytiker gerade und die möchte er beeinflussen. Die black box des Psychoanalytikers enthält, wenigstens zur Zeit noch, den Großteil der Informationen über das Verhältnis von Anlage und Umwelt bei der Entwicklung einer Persönlichkeit. Eine Charakterstruktur kann man auf mehrerlei Weise beschreiben: phänomenologisch-verstehend, wie die Dichter es tun, wie PROUST zum Beispiel, TOLSTOI oder DOSTOJEWSKI. Eine solche Betrachtungsweise erfaßt schon die innere Dynamik eines Charakters und seiner Veränderungen unter aktuellen Einflüssen der Umwelt. Sie gestattet zu verstehen, warum ein Motiv, nach dem sich jemand zu handeln entscheidet, im Vergleich zu anderen, die ebenfalls da waren, das stärkere ist. Sie gestattet zu verstehen, warum ein Mensch in einer bestimmten Weise erlebt und sich verhält, nicht aber, warum er so geworden ist. Westliche Dichter der neueren Zeit sind durch die Psychoanalyse beeinflußt, ob sie das wollen oder nicht. Sie machen sich auch Gedanken über die Entstehung eines Charakters, und zwar über das hinaus, was frühere Autoren in Entwicklungsromanen versucht haben.

Der umweltbedingt früh"genetische" Gesichtspunkt tritt so in den Vordergrund. In den letzten Jahren hat es in der Belletristik allerdings eine Gegenbewegung gegeben: Es ist so, als sei man der Betrachtung der Umwelteinflüsse in der frühen Kindheit wieder überdrüssig geworden. So sind die Schicksale des Helden von PATRICK SÜSKINDS "Parfum" (1985) zu einem großen Teil aus einer Anlage heraus zu erklären: er kann besonders gut riechen, so wie KARL MAYS Old Shatterhand besonders gut schießen konnte - etwas, das er zwar gelernt hat, was aber nicht jeder erreicht, der es lernen will, auch unter den geeignetsten Umweltbedingungen nicht.

Die Psychoanalyse FREUDS und ihre Weiterentwicklungen in den Vereinigten Staaten und in Großbritannien richteten ihre Aufmerksamkeit vor allem auf die Vorgänge im Individuum. Man machte sich Gedanken darüber, welche *Abwehrmechanismen* ein Mensch einsetzt, um mit Impulsen aus seinem Inneren und mit Eindrücken aus der Umwelt in einer Weise umzugehen, die Lust maximiert und Unlust minimiert. Impulse aus dem Inneren, die zu unlustbetonten inneren Konflikten führen würden, werden blockiert oder so umgewandelt, daß ihre Auswirkungen erträglicher werden. Die Verhältnisse in der Außenwelt werden insoweit berücksichtigt, als sie sich auf das Innere auswirken. Sie werden vom Menschen gefiltert und so nur selektiv wahrgenommen. Da hier das Ich in seinem Umgang mit den Trieben, den Gewissensanforderungen und den Anforderungen der Ideale, die ein Mensch hat, aber auch im Umgang mit der äußeren Realität, im Vordergrund der Betrachtung steht, spricht man auch von der ich-psychologischen Schule der Psychoanalyse. Ihre Hauptvertreter waren in Großbritannien ANNA FREUD, die Tochter SIGMUND FREUDS, in den USA HARTMANN und LOEWENSTEIN. In England begannen sich MELANIE KLEIN, FAIRBAIRN und GUNTRIP verstärkt mit den Beziehungen eines Menschen zu den realen Außenpersonen und ihren Einflüssen auf die innere Welt des Patienten zu befassen, wo sie als Erinnerungsspuren innere Objekte konstituieren. Dabei spielten die angeborenen Vorstellungen von solchen Beziehungen eine große Rolle. Das Kind projiziert diese Vorstellungen auf die Menschen, mit denen es umgeht. Beiden Schulen, der ich-psychologischen und der objektbeziehungs-theoretischen ist gemeinsam, daß man sich mehr oder weniger auch für die Auswirkungen von Erfahrungen interessiert, die ein Mensch mit anderen Menschen im Laufe seiner Entwicklung macht: Menschen, die er neu kennenlernt, erlebt er im Lichte dieser Erfahrungen, die von den inneren Bildern früher gekannter Menschen auf die neu angetroffenen Menschen *übertragen* werden.

Die angeborenen Objektvorstellungen der MELANIE KLEINschen Schule entsprechen in manchem den Archetypen von CARL GUSTAV JUNG. Deshalb scheint es in Großbritannien zu einer Annäherung der JUNGschen und der MELANIE KLEINschen Schule zu kommen. Ich selbst spreche gerne von einer generativen Grammatik der Objektbeziehungen (KÖNIG 1991), die bestimmte Kategorien von Objektvorstellungen enthält. Diese Objektvorstellungen werden im Laufe der Entwicklung in Interaktionen mit realen Außenpersonen konkretisiert und spezifiziert.

Schon MELANIE KLEIN hatte gesehen und beschrieben, daß ein Mensch einen anderen, zum Beispiel seinen Psychotherapeuten, dazu bringen kann, so zu reagieren, wie er selbst es in den bewußten und unbewußten Teilen seiner Persönlichkeit tut. Er kann den anderen auch dazu bringen, so zu reagieren wie Personen, die er früher gekannt hat. Man erzeugt im anderen ein bestimmtes Erleben, und Erleben drückt sich dann im beobachtbaren Handeln des anderen aus, wenn die Handlungsimpulse nicht willentlich unterdrückt werden. Diesen Vorgang nannte MELANIE KLEIN *projektive Identifizierung*. Im deutschen Sprachraum nannte ARGELANDER (1967) das Ergebnis dieses Vorganges Inszenierung. Die innere Welt des Patienten wird teilweise in der Außenwelt inszeniert.

Ich unterscheide drei Formen der projektiven Identifizierung: den Konfliktentlastungstyp, den Übertragungstyp und den kommunikativen Typ. Sie unterscheiden sich durch ihre Motivation. Die projektive Identifizierung vom Konfliktentlastungstyp soll innere Konflikte zu äußeren machen, indem ein Mensch in der Außenwelt einem inneren Konfliktpartner, zum Beispiel einem abgelehnten Teil des eigenen Selbst, ähnlich gemacht wird. Der so projektiv Identifizierende trägt den Konflikt dann mit dem anderen aus, also in der Außenwelt, was ihn vom inneren Konflikt entlastet.

Die projektive Identifizierung vom Übertragungstyp ist durch den Wunsch motiviert, Vertrautes wiederzufinden, was eine Art Heimatgefühl (Familiarität, KÖNIG 1982) erzeugt, mit dem ein Sicherheitsgefühl verbunden ist. Der so projektiv Identifizierende macht einen Menschen in der Außenwelt einer Person ähnlich, mit der er schon Erfahrungen gesammelt hat, und geht mit diesem Menschen dann so um wie mit jener Person, von der er seine Vorstellung auf den Menschen in der Außenwelt überträgt.

Die projektive Identifizierung vom kommunikativen Typ bewirkt, daß eine reale Außenperson so erlebt und sich so verhält, wie der projektiv Identifizierende erlebt und sich in der Situation, in der sich die Außenperson befindet, verhalten würde. Menschen, die sich schwer in andere einfühlen können, wenn diese sich in ihrem Erleben und ihren Verhaltensweisen von ihm unterscheiden, stellen so eine Verbindung zu einer Außenperson her, die eigentlich anders ist als sie selbst.

Ferner gibt es noch eine projektive Identifizierung vom Abgrenzungstyp. Das Gegenüber wird projektiv mit dem inneren Bild einer Person identifiziert, die sehr *anders* ist.

Melanie Klein beschrieb diese Einflüsse auf Außenpersonen, ohne sich viel Gedanken darüber zu machen, *wie* ein Mensch in der Außenwelt dazu gebracht wird, so wie ein inneres Objekt eines anderen oder ein Teil eines anderen zu empfinden. Das taten später Sandler (1976) und Ogden (1979), auch ich selbst (König 1982, 1984). Die Beeinflussung geschieht durch, meist nonverbale, Signale, die grob oder fein sein können, je nachdem, wie weit die im anderen zu aktualisierenden Objekte oder Selbstanteile von der Realität dieser Außenperson entfernt sind.

Die Signale werden in einem Regelkreis den Reaktionen der Außenperson angepaßt. Reagiert die Außenperson nicht entsprechend, werden sie verstärkt; reagiert sie zu stark, werden sie abgeschwächt. Die Signale werden dann eingesetzt, wenn die Phantasie eines Menschen nicht ausreicht, um bei ihm den Eindruck zu erzeugen, das einem anderen Zugeschriebene sei real im anderen vorhanden: er verhalte sich wirklich so wie die ihm zugeschriebenen Selbstanteile oder Objektbilder. Der innere Vorgang der Projektion, zum Beispiel von einer Objektvorstellung auf eine andere, wird durch einen interaktionellen Vorgang ergänzt. Aus Projektion wird so projektive Identifizierung. Die Außenperson wird dem Projizierten real gleich oder zumindest ähnlich gemacht. Mit dem, was dann noch nicht paßt, kann per Leugnung oder umgekehrt durch übersteigerte Wahrnehmung real existierender Eigenschaften umgegangen werden. So kombinieren sich die Ergebnisse der Interaktion mit der realen Außenperson mit den Phantasien über sie und mit der verzerrenden Wahrnehmung der Außenperson. Sie bewirken im Zusammenspiel mit Abwehrmechanismen wie eben der Leugnung von Eigenschaften der Außenperson, die nicht "passen", daß der angestrebte "Sollwert" erreicht scheint.

Man speichert Eindrücke, die man im Umgang mit anderen Menschen empfängt, in bewußter, vorbewußter und unbewußter Form. Die Erinnerungen an diese Eindrücke fügen sich zu Objektvorstellungen zusammen, von denen ein Teil bewußt, ein Teil vorbewußt und ein Teil unbewußt ist. Die unbewußten Anteile der Objektvorstellungen sind dennoch wirksam; bewußt werden sie, wenn man in einer Therapie die Ängste bearbeitet, die sich ihrem Bewußtwerden entgegenstellen.

Kommt der Mensch in eine Situation, die Entsprechungen zu seiner Lebenssituation in der frühen Kindheit aufweist, werden früher entstandene Aspekte der Objektvorstellungen wirksam und bestimmen sein Erleben und Verhalten. Das passiert zum Beispiel, wenn man jemanden trifft, der bestimmte Merkmale mit dem Vater gemeinsam hat. Das passiert aber auch, wenn man sich in einer anonymen Masse befindet, etwa in einem Fußballstadion. Der Einzelne könnte sich dann so fühlen wie das ganz kleine Kind der, zunächst noch anonymen, "Masse Mutter" gegenüber, die viel größer und mächtiger ist als er selbst. Ein Mensch kann dann ganz primitiv reagieren, zum Beispiel gerät er in Panik, wenn es zu aggressiven Stimmungen oder Handlungen im Fußballstadion kommt, und schlägt dann unter Umständen wild um sich wie ein strampelnder Säugling. Weil er aber über die Kräfte eines Erwachsenen verfügt, kann er, im Unterschied zum Säugling, Schaden anrichten.

Will ein Therapeut an frühen Erlebensweisen eines Patienten arbeiten, bringt er ihn in eine Situation, die Regression auslöst, zum Beispiel in die Situation der klassischen Psychoanalyse, wo der Patient vom Therapeuten, der hinter ihm sitzt, wenig mitbekommt, ähnlich wie ein kleines Kind von den Eltern erst einen Teil ihrer Merkmale wahrnehmen und einordnen kann. Das Sessel-Couch-Arrangement fördert Regression übrigens noch auf andere Weise; darauf hier einzugehen, würde aber den Rahmen dieses Buches sprengen. Ich bin darauf an anderem Ort (KÖNIG 1991) eingegangen.

Auch durch Krankheit induzierte Hilflosigkeit kann bewirken, daß der Kranke sich wie ein hilfloses Kind fühlt und zum Beispiel eine Krankenschwester wie eine pflegende Mutter sieht; wird der Kranke wieder gesund, sieht er die gleiche Schwester vielleicht mehr als attraktive Frau und entwickelt erotische Gefühle.

Zusammenfassend kann man sagen, daß das Verhalten eines Menschen von den inneren Objektvorstellungen in einer zwar nicht konstanten, sondern je nach Situation verschiedenen, aber doch vorhersehbaren Weise beeinflußt wird. Wenn man genau wüßte, welche Beziehungserfahrungen ein Mensch wann gemacht hat, könnte man vielleicht vorhersagen, wie der Einfluß dieser Beziehungserfahrungen in neuen Lebenssituationen, besonders in neuen Beziehungen, sein wird.

Wenn man eine Charaktertypologie aufstellen will, die Beziehungserfahrungen berücksichtigt, kann man nun untersuchen, welche Beziehungserfahrungen bestimmten Charaktertypen, die sich in der Arbeit mit Patienten herausgeschält haben, zuzuordnen sind. Dazu muß man nachsehen, welche Art von Beziehungen ein Mensch in der Gegenwart zu bestimmten anderen Menschen aufnimmt, wie er das tut und wie er sie dann weiter strukturiert. Man gelangt so zu zentralen Beziehungswünschen und Beziehungsformen, die für eine bestimmte Persönlichkeitsstruktur charakteristisch sind. Die Struktur ist ja aus bestimmten Beziehungserfahrungen entstanden, wobei frühere Beziehungserfahrungen die späteren beeinflußt haben. Auch die Anlage geht in einer heute noch schwer einzuschätzenden Weise in die Entwicklung einer Struktur ein.

Daß die Charaktertypologie, um die es in diesem Buch gehen soll, aus der Arbeit mit Kranken entwickelt worden ist, drückt sich in den Bezeichnungen aus. Man spricht ja von narzißtischen, schizoiden oder schizotypischen, von depressiven, zwanghaften, phobischen und hysterischen Strukturen. Diese Bezeichnungen haben Bezug zu den Krankheitsbildern der narzißtischen Neurose, der schizoiden Neurose (weniger der Schizophrenie), der Depression, der Zwangsneurose, der Phobie und der Hysterie. Dabei gibt es aber einen kontinuierlichen Übergang von Kranken, die neben ihren Symptomen auch bestimmte Persönlichkeitsmerkmale aufweisen, zu Menschen hin, die gesund sind. Jeder Mensch hat eine Persönlichkeitsstruktur und läßt sich in diese Typologie einordnen, wobei man es allerdings meist mit Mischungen mehrerer Strukturtypen der oben genannten Art zu tun hat.

Die Entwicklung der Strukturen und ihrer Objektbeziehungen

Die narzißtische, die schizoide und die Borderline-Struktur

Diese drei Strukturen entstehen zu einer Zeit, die nicht erinnert wird, auch nicht in einer langen Analyse. Selbst wenn einzelne Situationen erinnert zu werden scheinen, muß man sich doch fragen, ob es sich nicht um Rückverlagerungen aus späteren Lebensabschnitten handelt, ob Erzählungen der Eltern zu Erinnerungen umgestaltet worden sind oder ob ein beim Erwachsenen vorherrschendes Lebensgefühl in einer phantasierten Kindheitssituation seinen Ausdruck findet.

Man kann wohl davon ausgehen, daß eine ausreichend häufige Interaktion mit der Mutter oder einer anderen Pflegeperson notwendig ist, damit ein Kind sich gut entwickeln kann. Anamnestisch finden sich bei diesen Strukturen immer wieder frühe Abwesenheiten der Mutter in der Lebensgeschichte, aber nicht immer. Eine im Hause anwesende Mutter muß für das Kind noch nicht ausreichend präsent sein. Berufliche Überbeanspruchung, Ehekonflikte, wirtschaftliche Notlagen oder eine gering entwickelte Fähigkeit, auf die Signale des Kindes einzugehen, ebenso ein nicht ausreichend entwickeltes Signalsystem beim Kind selbst, können verhindern, daß adäquate Interaktionen zustandekommen. Eine Mutter kann auch große Angst haben, etwas falsch zu machen. Dann wird sie zu wenig tun und mit dem Kind nicht so interagieren, daß es sich gut entwickeln kann.

Wenn ich meine klinischen Eindrücke zusammennehme, die aus Anamnesen und aus Behandlungen stammen - eigenen und von mir supervidierten - komme ich zu dem vorläufigen Schluß, daß ein *narzißtischer* Mensch, aus welchen Gründen immer, von der Mutter nicht wichtig genommen wurde. KOHUT (1971) meinte wohl Ähnliches, wenn er vom Glanz im Auge der Mutter sprach, der bei den Müttern narzißtischer Menschen fehlte. Es kann aber auch sein, daß die Mutter das Kind wichtig nahm, ihm das aber aus einem der oben genannten Gründe nicht vermitteln konnte.

Meine Auffassung gründet sich auf Schilderungen der Kindheit, die von den Eltern oder anderen Beziehungspersonen gegeben wurden, und auch auf Beschreibungen der Mutter als Person, wie sie sich dem Erwachsenen darstellt, wobei ich mir gerne konkrete Situationen schildern lasse; zum Beispiel Situationen, die den Umgang der Mutter nicht nur mit dem Patienten, sondern auch mit anderen Personen beschreiben.

Daraus, wie eine Mutter mit dem Erwachsenen und vielleicht auch mit den Kindern des Patienten umgeht, kann man vorsichtig extrapolieren, wie sie wohl mit dem Patienten als Kind umgegangen sein mag.

Wenn ein Kind nicht erleben konnte, der Mutter wichtig zu sein (diese Ausdrucksweise ist natürlich adultomorph, wie ein Kind in den ersten drei Lebensjahren so etwas erleben könnte, wissen wir nicht), und wenn sich das darin ausdrückte, daß die Mutter die Bedürfnisse des Kindes nicht befriedigen konnte oder gar nicht erst erkannte, Bedürfnisse, die dieses ja nicht selbst befriedigen kann, muß das für das Kind eine existentielle Bedrohung bedeutet haben. In dieser Situation könnte sich etwa ein Säugling in Phantasien eigener Größe zurückziehen, wozu auch gehört, daß er von außen unabhängig ist und daß alle Personen in der Umwelt unwichtig sind. Solche Phantasien könnten aber auch später im Leben entstanden sein, um mit der basalen Verletzung des Nicht-wichtig-genommen-Werdens umzugehen.

Phantasien eigener Größe sind nun gefährdet, wenn sie mit der Realität konfrontiert werden. Das führt zu Kränkungen, die charakteristischerweise mit diffusen schmerzähnlichen Körpersensationen verbunden sind, so als ob der betreffende Mensch sein, auch physisches, Alleingelassensein in der Säuglingszeit noch einmal erleben würde.

Da ein solcher Mensch die Erfahrung, von außen her wichtig genommen und bestätigt zu werden, nicht oder nur unzureichend machen konnte, formt sich bei ihm - das muß man sich bildlich vorstellen, wie die entsprechenden Strukturen wirklich beschaffen sind, wissen wir nicht - gleichsam kein Behältnis aus, in dem er Bestätigung von außen speichern könnte. Wenn er auf die Bestätigung von außen nicht ganz und gar verzichtet, sondern eine Sehnsucht danach behält, wird er wegen dieser mangelnden Möglichkeit, Bestätigung zu speichern, auf ständige oder in kurzen Abständen wiederholte Bestätigungen angewiesen bleiben. Was ein anderer Mensch an Bestätigung speichern würde, läuft gleichsam an ihm herunter und versickert; oder, wenn er es aufnimmt, entsteht im inneren Behältnis gleichsam ein Überdruck, der einen Erregungszustand hervorruft. Entsprechend können wir beobachten, daß narzißtische Menschen dann, wenn ihnen Bestätigung aufgedrängt wird, in einen sogenannten narzißtischen Erregungszustand geraten, der beängstigende Omnipotenzphantasien aktiviert und manchmal auch zu selbstgefährdenden Handlungen führt, nach dem Motto: es kann mir nichts passieren. Natürlich fallen einem in diesem Zusammenhang Politiker ein, die große initiale Erfolge hatten und dann glaubten, es mit der ganzen Welt aufnehmen zu können. Man kann beobachten, daß auch anders strukturierte Menschen in einen solchen Erregungszustand geraten, wenn ihnen sehr viel gelingt; doch klingt er bei ihnen rascher wieder ab, und sie sind zum Umsetzen von Omnipotenzphantasien weniger disponiert.

Die psychoanalytische Metapsychologie hat Erklärungsmodelle entwickelt, die komplizierter sind; doch reicht das hier Dargestellte wohl aus, um eine mögliche Erklärung für das Erleben und Verhalten narzißtisch strukturierter Menschen zu liefern.

Bei Menschen mit einer narzißtischen Struktur wird das Selbst als omnipotent phantasiert. Sie brauchen zur *Erhaltung* ihrer Omnipotenzvorstellungen aber oft andere Menschen. Diese sind dann meist auf die Funktion reduziert, Anerkennung und Bewunderung zu liefern oder es zu ermöglichen, daß der narzißtisch Strukturierte sich Anerkennung und Bewunderung verschafft. Die narzißtische Struktur ist also durch eine Überbewertung des Selbst und eine Unterbewertung der Objekte charakterisiert. Das Selbst und die Objekte unterscheiden sich deutlich.

Im Unterschied dazu erlebt der *schizoide* Mensch sein Selbst und die Objekte nicht als wirklich getrennt, oder er strebt doch einen Zustand an, in dem diese Trennung aufgehoben ist.

Wahrscheinlich handelt es sich bei den Schizoiden um Menschen, deren Vernachlässigung in früher Kindheit nicht durchgehend war, die also, gleichsam als immer wieder einmal vorkommende Glücksfälle, Zeiten der Bedürfnisbefriedigung gekannt haben, und zwar nicht nur im Mutterleib. Solche Kinder sehnen sich nach einem Zustand der Harmonie mit dem Mutterobjekt zurück, gleichzeitig fürchten sie aber das unempathische, sie bedrängende und in sie eindringende Mutterobjekt, das sie dann zwischendurch immer wieder erlebt haben.

Diese Sehnsucht nach verschmelzender Harmonie und die

Angst davor, von einem anderen Objekt okkupiert und in ihrer getrennten Identität in Frage gestellt zu werden, bestimmen beide das Erleben schizoider Erwachsener. Soweit ein Schizoider die unempathischen Aspekte des Mutterobjekts in sein Selbst integriert hat, projiziert er diese auf äußere Objekte, besonders wenn sie sich nicht mit genauer Empathie auf ihn einstellen. Dann fürchtet er das äußere Objekt als eindringend, seine Grenzen nicht achtend, ihn so bis in seine Existenz bedrohend. Auch die Wut über das unempathische Mutterobjekt kann er auf Menschen projizieren, die seine Bedürfnisse nach Empathie nicht befriedigen, und diese dann nicht nur als unempathisch, sondern auch als aggressiv erleben.

Daß bei schizoiden Menschen die Entwicklung der Realitätsprüfung meist auffälliger beeinträchtigt ist als bei narzißtischen Menschen, deren Schwierigkeiten mehr in längerfristigen Beziehungen hervortreten, behindert sie auch bei ihrem Umgang mit Dingen, nicht nur mit Menschen. Unter anderem daraus hat man geschlossen, daß die Entwicklung einer schizoiden Struktur früher einsetzt als die Entwicklung einer narzißtischen Struktur. Es könnte aber auch sein, daß gerade die Erfahrung, eine altersgemäß befriedigende Beziehung zur Mutter sei doch gelegentlich möglich, die Ich-Entwicklung stärker bremst, als wenn das Kind solche Erfahrungen nicht macht und deshalb den Weg der Selbstüberhöhung, kombiniert mit einer entpersönlichenden Funktionalisierung der Objekte, einschlägt. Wir kennen es ja auch aus der ödipalen Phase der Entwicklung, daß eine starke Fixierung an die Mutter gerade die Entwicklung eigener Kompetenzen hemmt. Ähnliches gilt auch für die phobische Struktur.

Eine weitere Möglichkeit für das Kind, mit den Folgen einer gestörten Mutter-Kind-Interaktion umzugehen, ist die Entwicklung einer *Borderline*-Struktur. Patienten mit einer Borderline-Struktur setzen Spaltungsvorgänge im Ich und die sogenannte Objektspaltung ein. Sie erleben und handeln in voneinander getrennten Ich-Zuständen (ROHDE-DACHSER 1982) und vermeiden es zum Beispiel, sich mit dem Bild der Mutter als einer ganzen Person mit Mängeln und Vorzügen zu konfrontieren, indem sie das Mutterobjekt in ein gutes und ein böses, versagendes aufspalten. Diese Spaltungsvorgänge schwächen das Ich (KERNBERG et al. 1989).

Noch weniger als bei der schizoiden und der narzißtischen Struktur besteht Einigkeit darüber, unter welchen Bedingungen die Borderline-Struktur entsteht. Vielleicht handelt es sich hier um Kinder, die früh, aus Gründen, die in der Umwelt oder in einer Veranlagung liegen, ein großes Aggressionspotential entwickeln, mit dem sie anders als durch Spaltung der Objekte nicht umgehen können; dann entsteht die Borderline-Struktur vielleicht zu einem Zeitpunkt, wenn die Mutter als lebenswichtiges Ganzobjekt wahrgenommen werden kann und vor destruktiven Affekten, die durch den frustrierenden Anteil ihrer Verhaltensweisen hervorgerufen werden, durch den Abwehrmechanismus der Spaltung geschützt werden soll, damit der für das Kind unverzichtbare gute Anteil erhalten bleibt. Borderline-Patienten neigen auch als Erwachsene zum Verteufeln und zum Idealisieren, wobei Idealisierung und Verteufelung ein und desselben Objektes blitzschnell abwechseln können. Die Ich-Spaltung könnte dazu dienen, die der jeweiligen extremen Beziehungsform entsprechenden Ich-Zustände bereitzustellen.

Jedenfalls wirkt sich eine Borderline-Entwicklung ungünstig auf die Reifung des Ich aus, nicht nur in der Funktion der Realitätsprüfung, sondern auch bezüglich anderer Ich-Funktionen, die notwendig sind, damit ein Mensch nicht nur in Beziehungen, sondern auch in seiner Arbeit zurechtkommt. Auch deshalb, nicht nur wegen der Beziehungsschwierigkeiten am Arbeitsplatz, scheitern solche Menschen häufig nicht nur im Privaten, sondern auch im Beruf.

In diesem Buch habe ich mich darauf beschränkt, jene Strukturen darzustellen, bei denen es einen Übergang zum Normalen gibt. Ein solcher Übergang ist bei der Borderline-Struktur schwer auszumachen, weil man sich nicht gut vorstellen kann, wie eine "normale" Borderline-Struktur aussehen könnte. Vielleicht hängt die Schwierigkeit, sich das vorzustellen, aber nur damit zusammen, daß unsere Gesellschaft für Menschen mit einer Borderline-Struktur keine rechte Verwendung hat; ein Platz für sie ist deshalb nicht vorgesehen. Dagegen ist unsere Gesellschaft auf alle sonst in diesem Buch beschriebenen Strukturen angewiesen, weil zu jeder von ihnen auch Vorzüge gehören, die sie zum Beispiel für bestimmte Berufe besonders geeignet machen. Die Interessenlage und damit auch die Fähigkeiten, die einer entwikkelt, hängen von seiner Struktur entscheidend ab. Unser Gesundheitsbegriff wird auch von der Bewertung durch die Gesellschaft beeinflußt.

Wie bei der schizoiden, der narzißtischen und bei der Borderline-Struktur liegen die Einflüsse, die zu einer *depressiven* Strukturentwicklung führen, in einer Zeit, in die unsere Erinnerung meist nicht zurückreicht. Man kann aber aus Beschreibungen des Verhaltens der Mutter des Erwachsenen extrapolieren, oder aus den Lebensumständen zur Zeit des ersten und zweiten Lebensjahres. Man kann auch aus den Ideologien einer Familie schließen, in welcher Situation sich die Mutter zu jener Zeit befand und welche Ideologie sie vielleicht damals schon vertreten hat, zum Beispiel eine Ideologie der Bescheidenheit, was meist bedeutet, daß orale Gier abgelehnt und ein Säugling vielleicht als zu gierig erlebt wird.

Die *depressive Struktur* entsteht, soweit sich das heute absehen läßt, im wesentlichen durch eine Störung der Interaktion zwischen Mutter und Kind, die sich auf die Nahrungsaufnahme in ihren materiellen und emotionalen Komponenten bezieht. Ein Kind kann zu selten und zu wenig gefüttert, Nahrung kann ihm aufgedrängt werden. Es kann Nahrung erhalten, wenn es schreit, weil es naß ist, friert oder wenn ihm zu heiß ist.

Ein Kind kann liebevoll oder lieblos gefüttert werden. Bei der Flaschenernährung kann die Mutter die Nahrungszufuhr durch entsprechende Wahl der Saugöffnung am Gummisauger so regulieren, daß das Kind den seinen Bedürfnissen angepaßten Widerstand findet, oder sie kann ein zu großes oder zu kleines Loch machen und dann merken, daß etwas nicht in Ordnung ist, oder eben nicht. Sie kann das Kind beim Stillen oder Flaschenfüttern so halten, daß es entspannt trinken kann, oder nicht. Die Umstände der Partnerschaft oder einer etwaigen Berufstätigkeit können es erleichtern oder erschweren, daß die Mutter sich dem Kind entspannt und doch aufmerksam zuwendet, wenn sie es stillt oder füttert. Überhaupt haben alle möglichen Umweltreize Einfluß auf den Stillvorgang, weil sie die Stimmung der Mutter beeinflussen. Die Mutter kann dann ausgeruht oder erschöpft sein, depressiv oder guter Dinge.

Die genannten Einflüsse setzen sich mutatis mutandis fort, wenn das Kind mit dem Löffel gefüttert wird, und auch, wenn es selbst zu essen beginnt. Die Mutter kann das Kind in der ihm möglichen Selbständigkeit über- oder unterfordern, was das Selber-Essen angeht. Wird das Kind in einem Heim aufgezogen, sind die Pflegepersonen in der Regel überlastet. Sie können sich nicht ausreichend um das Kind kümmern - welche Mutter hat schon Vierlinge zu betreuen, und vier Kinder auf eine Pflegeperson ist für viele Heime schon eine gute Zahl.

Orale Wünsche, die nicht oder nur uneinfühlsam erfüllt werden, können sich nicht entfalten. Sie werden, um Enttäuschungen zu vermeiden, abgewehrt. Das Ich schützt sich so gegen Bedürfnisspannungen, die doch nicht adäquat gestillt werden. Dem später Depressiven fehlt es an Initiative, weil die erste *Aktivität* des Kindes ja eine orale ist. Man kann sagen, daß jede spätere Form von Initiative einen oralen Kern hat.

Die Reduktion des Interesses am oral Angebotenen mit seinen emotionalen, wichtigen Begleiterscheinungen bewirkt durch einen Vorgang der Generalisierung, daß die Außenwelt für den so Beeinträchtigten später wenig Aufforderungscharakter hat. Das äußert sich in einer auffallenden, oft für die Umwelt bequemen Bescheidenheit, hinter der sich aber aufgestaute orale Gier verbirgt.

Die durch orale Frustration entstandene Wut richtet sich gegen die Mutter. Objekte in der Außenwelt, die ähnliche Funktionen haben wie eine Mutter, kann der Depressive nicht angreifen, auch wenn sie frustrieren, weil er Angst hat, das Objekt dann ganz zu verlieren. Der Abwehrmechanismus der Introjektion wird eingesetzt, um die bösen, frustrierenden Aspekte eines Objekts in das Selbst zu verlagern, wo sie und damit auch das Selbst, das sie enthält, dann oft attackiert werden. Das hat den Nachteil, daß sich die Aggression eben gegen das eigene Selbst richtet, aber auch den Vorteil, daß im interpersonalen Feld keine Aggression erkennbar wird, die zu einem Verlust des Objekts führen könnte.

Die Aggression gegen das Selbst wird als depressiver Affekt erlebt oder tritt in Form von Selbstvorwürfen in Erscheinung ("es ist ja doch alles meine Schuld"). Jede Situation, in der sich der Depressive hilflos fühlt, ruft unbewußte Erinnerungen an die erste Situation wach, in der sich der Säugling hilflos fühlte: als er nicht seinen Bedürfnissen entsprechend gefüttert wurde und dagegen nichts machen konnte. Statt Angst oder Wut entsteht wieder der depressive Affekt, weil die Mutterimago als Vertreterin der frustrierenden Objekte oder aber weil ein wie das Mutterobjekt in den bösen Aspekten nach innen verlagertes anderes Objekt attackiert wird.

Es kann aber auch sein, daß der depressive Affekt direkt durch Hilflosigkeit hervorgerufen wird (vgl. SELIGMAN 1975). Der Säugling fühlt sich hilflos angesichts der unzureichenden Versorgung durch die Mutter. Wenn es sich erwiesen hat, daß keine Aktivität geeignet ist, eine schlimme Situation zu verändern, ist es vielleicht am besten, jede Aktivität einzustellen, und das tun Depressive ja auch. Ein solches Verhalten könnte einen positiven Selektionswert im Laufe der Phylogenese gehabt haben, weil nutzlose Aktivität ja Energie verbraucht und die Chance, etwa nicht zu verhungern, größer wird, wenn wenig Energie verlorengeht.

Ansprüche an andere äußert der Depressive nicht direkt. Das würde voraussetzen, daß orale Initiative möglich wäre. Stattdessen wird Leiden demonstriert, was von Personen, denen die Demonstration gilt, oft richtig als stummer Vorwurf gedeutet wird.

Es ist deutlich geworden, daß ein Depressiver viel in Kauf nehmen wird, um sich ein Objekt zu erhalten. Gerade durch sein "Klammern" kann der Depressive aber Menschen, zu denen er eine Beziehung unbedingt aufrechterhalten will, dazu bringen, daß sie die Flucht ergreifen. Depressive bewundern oft narzißtisch Strukturierte wegen ihrer "Unabhängigkeit" von Menschen, verachten sie aber gleichzeitig wegen ihrer "Unmenschlichkeit", wobei sie Pseudounabhängigkeit für wahre Unabhängigkeit nehmen und die Unfähigkeit, eine Ganzobjektbeziehung einzugehen, als Unmenschlichkeit erleben. Zum Lebenspartner wählen sie, wie im Abschnitt über Charakter und Beziehungswünsche noch dargestellt wird, doch meist wieder einen Depressiven.

Damit eine depressive Entwicklung zustande kommt, muß die Beziehung zur Mutter enger sein als bei der Entwicklung einer schizoiden oder einer narzißtischen Struktur. Die Mutter ist präsent, nur eben wenig empathisch, was die Bedürfnisse des Säuglings angeht; manchmal wird das Verhalten einer Mutter auch durch eine Ideologie gesteuert, zum Beispiel die Ideologie, daß man Kinder zu Bescheidenheit und Härte erziehen soll. Unter Umständen wird damit schon beim Säugling begonnen.

Die abgewehrte Aggression wird meist im Laufe einer psychoanalytischen Therapie deutlich und dann in der Beziehung zum Therapeuten ausgelebt. Wenn der Therapeut die Aggression aushält, kann das zur Folge haben, daß auch künftig gewagt wird, Objekte im äußeren Beziehungsfeld anzugreifen: die bisher gefürchtete Katastrophe, nämlich der Verlust eines geliebten Objekts, ist in der Therapie tatsächlich nicht eingetreten. Die Aggression muß dann nicht mehr gegen das Selbst gerichtet werden; sie kann das Objekt treffen, dem sie gilt.

Der Patient kann die Aggression in der Therapie aber nur äußern, wenn er die Hoffnung hat, den Therapeuten nicht zu zerstören und nicht fortzuekeln. Diese Hoffnung ergibt sich aus der Erfahrung, daß der Therapeut geduldig zuhört und beim Patienten bleibt.

Die Objekte können dem Depressiven auch deshalb wichtiger sein als er selbst, weil er sich selbst mit den bösen Aspekten des Mutterobjekts gleichsetzt und im Objekt das Gute sieht, das Böse aber ausblendet. Der Wunsch, die Liebe eines Objekts zu gewinnen und zu behalten, kann so stark sein, daß der Depressive sich selbst opfert oder doch seine eigenen Lebensmöglichkeiten zugunsten des Objekts stark einschränkt. Geht es dem Objekt gut, kann der Depressive sich freuen: Lebensfreude darf er mit dem anderen mitempfinden, während der eigene Wunsch, sich zu freuen, doch nicht erfüllt würde oder ihn zu gierig machen würde, was ihn wieder um die Zuneigung der äußeren Objekte brächte. Man nennt das *altruistische Abtretung*. Abgetreten werden die beim Depressiven selbst blockierten Wünsche.

Sexualität ist gewöhnlich nicht blockiert und kann vom Depressiven genossen werden, solange er nicht manifest depressiv ist. Sie ist aber meist an die Voraussetzung gebunden, daß das Objekt, mit dem Sexualität gelebt wird, nicht verlorengehen kann. Wenn diese Voraussetzung nicht gegeben ist, kommt es zu Störungen im sexuellen Erleben (FISHER 1976).

Viele depressiv Strukturierte ergreifen *soziale Berufe*, weil ihnen das viel Gelegenheit bietet, die Erfüllung eigener Wünsche in anderen mitzuerleben. Für andere können sie dann energisch und oft auch gierig fordern, was sie für sich nie wünschen, geschweige denn verlangen würden.

Depressive Frauen, die von der Mutter enttäuscht sind, erhoffen sich oft vom Vater das, was sie nicht bekommen haben. Ein Teil der Oralität ist dann noch frei; sie ist nur gegenüber der Mutter blockiert. Bekommen sie das Erhoffte vom Vater, ist das eine akzeptable Lösung, aber nur kurz- und mittelfristig. Der Nachteil auf längere Sicht besteht darin, daß sich solche Frauen oft so stark an den Vater binden, daß sie nicht von ihm loskommen.

Depressive Männer können das Emotionale, das mit der Oralität verbunden ist, auch konkrete orale Zufuhr, zum Beispiel in der Form materieller Versorgung, ebenfalls vom Vater erwarten. Meist bleiben sie aber an das Bild einer Mutter als Quelle oraler

Gaben fixiert und suchen dann in ihren Partnerinnen nach besseren Müttern.

Die zwanghafte und die phobische Struktur

Die *zwanghafte* und die *phobische* Struktur entstehen zur gleichen Zeit, nämlich dann, wenn das Kind beginnt, sich im Raum zu bewegen. Es kann dann Unordnung schaffen oder sich in Gefahr bringen. Eltern, die vor allem Unordnung fürchten, reagieren anders als Eltern, die fürchten, das Kind könne sich in Gefahr bringen. Eltern, die Unordnung fürchten, reagieren mit *Ärger*; Eltern, die fürchten, dem Kind könne etwas zustoßen, reagieren mit *Angst*. Beide Affekte bewirken, daß die Bewegungen des Kindes eingeschränkt werden. Wer mit *Ärger* reagiert, bewirkt das durch *Bestrafungen* verschiedener Art; wer mit *Angst* reagiert, bewirkt es durch *ängstliches Beschränken*. Kinder von Eltern, die Angst um sie haben, bleiben zum Beispiel länger im Laufstall. Natürlich können ängstliche Eltern auch mit Bestrafung reagieren und zornige Eltern ihren Ärger unterdrücken und das Kind lediglich zurückhalten. Wie Eltern Kinder erziehen, ist kulturabhängig. Es ist auch kulturabhängig, welcher Grad von Unordnung toleriert wird. Kulturabhängig ist ebenfalls, wie sehr gefürchtet wird, daß einem Kind etwas zustößt.

Heutzutage, da Eltern nur wenige Kinder haben und Kinder nur noch selten an Krankheiten sterben oder durch Krankheit dauerhaft zu Schaden kommen, ist die Angst vor einem Unfall wahrscheinlich größer als zu Zeiten, als viele Kinder geboren wurden und viele an Infektionskrankheiten starben. Ein Unfall ist heute fast die einzige Gefahr. Eltern, die ein Kind durch einen Unfall verloren haben oder in deren Bekanntenkreis ein Kind durch einen Unfall zu Schaden gekommen ist, werden ängstlicher sein, als wenn so etwas nicht passiert ist.

Die Zeit, in der sich das Kind im Raum zu bewegen lernt, ist auch die Zeit der Sauberkeitserziehung. Wann Kinder sauber werden sollen, ist ebenfalls kulturabhängig. Von Kulturkreis zu Kulturkreis gibt es verschiedene Erwartungen. Welche Belastung es für die Eltern bedeutet, wenn Kinder noch nicht sauber sind, ist auch sehr verschieden. Es macht zum Beispiel einen Unterschied, was eine Mutter sonst noch zu tun hat - oder der Vater, wenn beide sich in die Betreuung des Kindes teilen. Papierwindeln erleichtern die Sache; als noch Windeln gewaschen wurden, und das ohne Waschmaschine, war die Belastung größer. Der Ehrgeiz einer Mutter kann durch ein frühes Sauberwerden des Kindes befriedigt werden, ähnlich wie durch ein frühes Laufen- und Sprechenlernen. Einstellungen zu Schmutz werden in Familien über Generationen hin tradiert.

Der Umgang der Eltern mit Schmutz und Unordnung und mit einer Selbstgefährdung des Kindes wirkt sich jedenfalls auf die Strukturentwicklung aus. Eltern, die, aus welchen Gründen auch immer - zum Beispiel auch, weil sie selbst schon eine zwanghafte Struktur haben - sehr aversiv auf Unordnung und Schmutz reagieren, werden alles zu verhindern suchen, was die Ordnung im Hause und in der Familie stört - dazu können auch Äußerungen von Aggressivität gegen Personen gehören, nicht nur ein explorierendes Herangehen an Dinge, und sie werden dem Kind beizubringen suchen, alles zu vermeiden, was Schmutz macht. Eltern, die Angst um ihr Kind haben, werden alles zu verhindern suchen, was das Kind gefährden könnte. Das Kind sollte dann vielleicht nicht einmal hinfallen, wenn es laufen lernt; es wird daran gehindert, durch *Versuch und Irrtum* zu lernen. Wenn das Kind neben dem Laufen noch andere Kompetenzen erlernen möchte, werden sie sich nicht in "ermöglichender" Weise (WINNICOTT) verhalten. Wenn das Kind einen Apfel vom Tisch holen will und noch nicht hinaufreichen kann, werden sie ihm den Apfel geben, statt ihm etwa einen Stuhl hinzustellen, damit es hinaufklettern kann. Das Kind könnte ja vom Stuhl fallen. Es geht natürlich auch schneller, wenn man dem Kind den Apfel einfach gibt. Später nimmt eine solche Mutter vielleicht der Tochter alles aus der Hand, was sie etwa im Haushalt tun möchte, weil das Kind etwas kaputtmachen könnte oder schlicht weil die Mutter es schneller kann.

Wenn Aggression, Unordnung und Schmutz durch Strafen sanktioniert werden, kommt es zu einer Blockierung des unbekümmerten Umgangs mit den Dingen der Welt, und es entwickelt sich eine *zwanghafte Struktur*. Wenn das Kind seine Ausscheidungen nicht zurückhalten darf, sondern genau zu Zeiten "funktionieren" muß, die seine Mutter oder sonst eine Pflegeperson bestimmt, wird das einen Einfluß auf das Erleben eigener *Handlungsimpulse* haben. Das Kind erlangt wenig Autonomie und unterwirft sich auch in anderer Hinsicht. Die Trotzphase, in der es seinen eigenen Willen durchsetzen will, kann dann ganz unterbleiben; auch später wird ein solcher Mensch sich unterwerfen oder allenfalls auf indirekten Wegen, *anal*, rebellieren, etwa durch Trödeln oder "Vergessen" von Aufträgen. Es wird Schmutz bekämpfen und viel Zeit und Energie darauf verwenden. Es wird in seiner Arbeit überordentlich sein.

Ordnung wird dann unzweckmäßig, wenn sie zum Selbstzweck wird. Funktionale Ordnung erleichtert die Arbeit, dysfunktionale erschwert sie. Welches Maß an Ordnung als funktional angesehen werden kann, ist wieder von Kultur zu Kultur verschieden. Hochentwickelte Technologie setzt ein höheres Maß an Ordnung voraus als weniger hoch entwickelte.

Es ist auch nicht angenehm, in einer Gesellschaft zu leben, in der das Faustrecht gilt. Viele Menschen empfinden es als angenehm, wenn die Schlange an einem Schalter eine gewisse Struktur hat, die es verhindert, daß die Stärkeren sich vordrängen und die Schwächeren beiseite geschoben werden, und das gilt für viele Situationen des täglichen Lebens, wo Strukturen hilfreich sind, die nach anerkannten Regeln entstehen und erhalten werden. Recht und Gesetz schützen das Individuum, können seine Bewegungsfreiheit aber auch dysfunktional einschränken. An einer Straßenbaustelle, wo nicht gearbeitet wird, kann eine Geschwindigkeitsbeschränkung unsinnig sein; sie hat ihren Sinn, wenn sie die dort Arbeitenden schützt. Wenn die Züge pünktlich fahren, spart das den Reisenden Zeit; in manchen privaten Lebensbereichen gibt es aber auch übertriebene und dann dysfunktionale Pünktlichkeit, zu deren Einhaltung zuviel Energie aufgewendet werden müßte.

Welcher Grad an "Zwanghaftigkeit" jeweils funktional ist, hängt also von den näheren Umständen ab. Eine dysfunktionale Zwangsstruktur verhindert den flexiblen Umgang mit Ordnung und mit Sauberkeit, wobei man Schmutz, wie man es auch im Englischen ausdrückt ("dirt is matter in the wrong place") als Materie am falschen Ort bezeichnen kann. Dabei gibt es ja Unterschiede in der funktionalen Bewertung: Schmutz in einem Operationssaal ist etwas anderes als Schmutz in einem Krankenzimmer, Schmutz an einem Teller ist etwas anderes als Schmutz auf dem Fußboden. Leute mit einer stark ausgeprägten Zwangsstruktur stellen nicht nur überhöhte Ansprüche an Sauberkeit im allgemeinen, sie differenzieren auch zu wenig: "Bei mir zu Hause kann man vom Fußboden essen."

Da jeder Affekt einen Handlungsimpuls generieren kann, der

unter Umständen die Ordnung stört, unterdrückt der Zwanghafte seine Affekte. Das kann in bestimmten Situationen wichtig sein, zum Beispiel bei einem Schiedsrichter. Kommt es aber zu einer generalisierten Affektunterdrückung, kann das die zwischenmenschlichen Beziehungen verarmen lassen, weil das Erleben in Beziehungen eingeschränkt wird. So werden sexuelle Gefühle unterdrückt, weil sie ein "unordentliches" Verhalten bedingen können. Es kommt zum Krankheitsbild der *Impotentia satisfactionis*: die sexuellen Reflexe laufen ungestört ab, die entsprechenden Gefühle aber fehlen.

Entsteht eine *Symptomzwangsneurose*, setzen sich die aufgestauten Impulse in rudimentärer Form, vom Affekt und aus dem Kausalzusammenhang isoliert, in den Symptomen durch. Voraussetzung ist, daß sich der Patient mit einem willkürlichen Elternteil identifiziert hat, meist mit dem Vater, während ein anderes Elternteil, meist die Mutter, die Notwendigkeit von Selbstbeherrschung vermittelte. So entsteht eine innere Spannung, die das Abwehrgefüge labilisiert; übersteigt der Triebdruck ein gewisses Maß, treten die Symptome auf. Das geschieht, wenn die Impulse durch eine sogenannte Versuchungssituation "gelockt" werden, oder wenn Möglichkeiten der Triebverwirklichung wegfallen, die vorher eine gewisse Abfuhr der triebbedingten Impulse gestatteten.

Triebimpulse müssen Angst machen, wenn sie eine Bestrafung zur Folge hätten, die beim älteren Kind und beim Erwachsenen durch eine innere Instanz, das *Gewissen*, übernommen wird, das sich Einstellungen der Eltern zu eigen gemacht hat. Eltern, die ein Kind ängstlich daran hinderten, seine Kräfte und Fähigkeiten in Versuch und Irrtum auszuprobieren und so realitäts- und sozialadäquate Kompetenzen im Umgang mit ihnen zu erwerben, oder die dem Kind aus Ungeduld oder Zeitmangel nicht die altersadäquaten Lernhilfen gaben, von ihm aber die gleichen Entwicklungsfortschritte erwarteten und forderten, die es mit der entsprechenden Lernhilfe hätte machen können, bewirken so, daß Triebimpulse gefürchtet werden müssen. Das Ich hat nicht gelernt, mit den Impulsen realitäts- und sozialadäquat umzugehen. So übernimmt das Kind durch Lernen am Modell die *Ängstlichkeit* der Eltern oder deren *Unzufriedenheit* mit den Entwicklungsschritten.

Die Triebimpulse dringen bei der *phobischen* Struktur weiter ins Ich vor als bei der Zwangsstruktur. Sie lösen nicht nur unbewußte Signalangst aus, sondern bewußt erlebte Angst, die zum Krankheitssymptom werden kann, wenn sie ein gewisses Maß überschreitet. Das ist bei den *Angstkranken* der Fall. Der Patient vermeidet dann Situationen, die seine Triebimpulse "locken" könnten. So vermeidet eine Frau mit unbewußten Phantasien von ungeregelten heterosexuellen Kontakten die Straße, wo sie von Männern angesprochen werden könnte. Phobisch strukturierte, aber nicht angstkranke Menschen erleben ein diffuses Unbehagen, wenn es darum geht, in einer Weise aktiv zu werden, die in Willkür ausarten könnte oder die zeigen könnte, daß sie nicht über die Kompetenzen verfügen, realitätsadäquat und mit ausreichender funktionaler Kompetenz zu handeln. Dabei trauen sich phobisch strukturierte Menschen meist weniger zu, als sie leisten könnten, weil sie die Einschätzung der Eltern verinnerlicht haben, man dürfe sie nicht selbständig gewähren lassen, da sonst etwas passieren könnte. Diese Einstellung ist dann verallgemeinert und nicht auf spezifische Situationen bezogen. So trauen sie sich selbst das Alltägliche, selbst das schon mehrmals richtig Ausgeführte nicht zu. In Gegenwart eines Menschen, der auf sie "aufpaßt", fühlen sie sich sicherer und haben weniger Angst. Diese Personen übernehmen dann die Funktion des von mir so genannten äußeren *steuernden Objekts*. In meinem Buch über die Angstkranken (KÖNIG 1991[3]) beschreibe ich den Fall eines Studenten, der sein Fahrrad auseinandergenommen hatte und es nicht wieder zusammensetzen konnte. Als ein Bekannter kam und sich einfach neben ihn stellte, ohne ihm zu helfen oder ihm Ratschläge zu geben, konnte er das Fahrrad ohne Schwierigkeiten zusammenbauen.

Die *Zwangsstruktur* und die *phobische Struktur* entstehen nicht nur zur gleichen Zeit, sie stellen auch Verarbeitungsformen der *gleichen Triebimpulse* dar. Es geht um Aggression, aber auch um Sexualität. Bei der Zwangsstruktur geht es zusätzlich um Schmutz. Es gibt allerdings auch phobische Befürchtungen, Harn oder Stuhl nicht halten zu können, was Bezug zur Sauberkeitserziehung hat. Hier wird gefürchtet, nicht über die Kompetenz zu verfügen, Harn oder Stuhl zurückhalten zu können. Dahinter verbergen sich meist urtümliche Impulse, zu zeigen, wie schön man urinieren oder defäzieren kann, was in der Öffentlichkeit natürlich nicht gut ginge: ein solcher infantiler Verhaltensentwurf wäre, wenn er umgesetzt würde, sozialschädigend.

Das Resultat einer uneinfühlsamen Sauberkeitserziehung kann

auch der bekannte *Geiz* zwanghafter Menschen sein. Die Erfahrungen mit den Faeces, Ausscheidungen, werden auf den Umgang mit Geld ausgedehnt, ein kleines Kind erlebt in der analen Frühphase das Absetzen von Faeces wahrscheinlich wie den Verlust von Körpersubstanz. Geld hergeben wird dann unbewußt dem Hergeben von Körpersubstanz gleichgesetzt. Konnte ein Kind sich gegenüber seinen Pflegepersonen während der Sauberkeitserziehung gar nicht behaupten, kann sich das auch auf den Umgang mit Geld auswirken: dem Erwachsenen kann es dann schwerfallen, jemandem Geld zu verweigern, wenn der zum Beispiel etwas ausborgen will, es aber voraussichtlich nicht zurückgeben wird. Hier muß man freilich auch daran denken, daß das Geld nicht verweigert wird, um die gute Beziehung zu erhalten, was bei *Depressiven* häufig vorkommt. *Phobisch Strukturierte* können etwas hergeben, um Konflikte mit dem steuernden Objekt zu vermeiden. *Hysterische* oder *narzißtische* Menschen geben etwas her, um als reich oder großzügig zu gelten. *Schizoide* geben etwas her, weil sie jedem vertrauen, ebenso wie andere Schizoide jedem mißtrauen, oder Geld ist ihnen nicht wichtig, weil es Teil einer Realität ist, die sie nicht interessiert. Das Nicht-nein-sagen-Können kann viele Ursachen haben; es wäre falsch, immer nur an Blockierungen während der analen Entwicklungsphase zu denken.

Die hysterische Struktur

Eine hysterische Struktur entsteht in der *phallischen* und der *ödipalen* Phase der Entwicklung, im 3. bis 5. Lebensjahr. Wenn man von der *hysterischen* Struktur spricht, stellt man sich meist eine Frau vor. Die hysterische Struktur wird bei Frauen häufiger diagnostiziert, die zwanghafte häufiger bei Männern, und zwar auch dann, wenn Frauen die Diagnostik besorgen. Wahrscheinlich entwickeln sich in unserer Kultur tatsächlich mehr Frauen im Sinne der hysterischen Struktur und mehr Männer im Sinne der zwanghaften. In der Antike wurde die hysterische Struktur ausschließlich den Frauen zugeordnet und mit unbefriedigter Sexualität in Verbindung gebracht: der Uterus einer Frau, die keine Kinder bekomme, irre in ihrem Körper umher, das mache hysterische Krankheitssymptome. FREUD erntete Unglauben, als er einen männlichen Hysteriker in Wien bei einem Vortrag demonstrierte. Es müsse sich um etwas anderes handeln, sagten die (männlichen) Kollegen.

Vor dem Eintritt in die ödipale Phase kommt es bei Jungen und Mädchen zu einer intensiven Beschäftigung mit den Geschlechtseigenschaften. Mädchen wie Jungen beschäftigen sich mit den Unterschieden ihrer anatomischen Ausstattung. Nach FREUD (1905) weckt der Anblick eines weiblichen Genitale im Jungen die Befürchtung, er könnte seines durch "Kastration" verlieren, das Mädchen erlebt sich als schon kastriert oder jedenfalls benachteiligt und beneidet den Jungen um seinen Penis. Daß jemand etwas haben möchte, das ein anderer oder eine andere hat, ist ja nicht ungewöhnlich; ebenso ist es nicht ungewöhnlich, daß jemand fürchtet zu verlieren, was er oder sie hat. Das sind psychische Normalphänomene. Das Genitale des Mädchens ist verborgen, das des Jungen zum größten Teil sichtbar. Die sekundären Geschlechtsmerkmale des Mädchens (Brüste, Hüften) sind noch nicht entwickelt. So ist es auch verständlich, wenn ein Mädchen sich benachteiligt fühlt, weil es weniger vorzuweisen hat.

Viele Psychoanalytiker und besonders auch Psychoanalytikerinnen halten eine solche Erklärung aber für unzureichend. Man nimmt an, der Penis werde als Symbol für die bevorzugte Stellung des Mannes in der patriarchalischen Familie und in der Gesellschaft genommen, die ein Mädchen gern haben möchte und die ein Junge zu verlieren fürchtet.

Wahrscheinlich treffen alle genannten Erklärungen mehr oder weniger zu. Mir erklären sie aber noch nicht die oft extremen Ausprägungen von Penisneid und Kastrationsangst bei Menschen mit einer hysterischen Struktur.

Klinisch relevanten Penisneid finde ich meist bei solchen Frauen, die sich, von der Mutter enttäuscht, dem Vater in der Hoffnung zugewandt haben, daß dieser ihnen das geben könnte, was die Mutter, emotional und oral oft karg, ihnen vorenthalten hat. Geht der Vater auf diese Wünsche ein und versucht er, sie zu erfüllen, hat er selbst Beziehungswünsche an ein weibliches Wesen, die er bei seiner Frau, vielleicht wegen der gleichen Eigenschaften, die zur Enttäuschung der Tochter an ihr geführt haben, nicht unterbringen konnte, so erfüllt er sich in der Beziehung zur Tochter auch *eigene* Wünsche. Die Tochter identifiziert sich dann mit dem Vater statt mit der Mutter. Identifikation ist ja nicht nur ein Abwehrmechanismus, der nach dem Motto funktioniert: wenn ich den anderen oder die andere nicht besiegen kann, möchte ich doch wenigstens so sein wie er oder sie. Man identifiziert sich auch und vor allem mit Menschen, zu denen man eine gute Beziehung hat und die man deshalb zum Vorbild nimmt. Die Identifikation mit dem Vater bringt für das Mädchen aber ein Problem: die so gewonnene Identität paßt nicht zur Anatomie. Körperlich kann das Mädchen nicht so sein wie der Vater, deshalb wird es die männlichen Geschlechtsmerkmale vermissen.

Männlich identifizierte Frauen leisten oft viel, weil das Motiv, auf der Leistungsebene so zu sein wie die Männer, sehr stark ist; gleichzeitig fühlen sie sich aber als Frauen minderwertig. Damit gehen sie so um, daß sie Verhaltensweisen bei sich und bei anderen Frauen ablehnen, die sie als typisch weiblich ansehen, zum Beispiel ein Interesse an Kleidung. Was manche Frauen typischerweise tun (aber auch Männer), zum Beispiel Intrigieren, schreiben sie allen Frauen zu. Sie empfehlen sich den Männern als gute Kumpel, als jemand, mit dem man Pferde stehlen kann, als eine Frau, die "ihren Mann steht" und deshalb einen Anspruch darauf hat, in die Männergesellschaft aufgenommen zu werden. In therapeutischen Gruppen setzen sich solche Frauen, wenn es um die Geschlechtsunterschiede geht und Männer und Frauen sich in einer männlichen und weiblichen Untergruppe zusammensetzen, oft unversehens oder aber demonstrativ in die männliche Untergruppe.

Sind hysterisch strukturierte Frauen mit ihrer Rolle als Partnerin des Vaters identifiziert und haben sie die Mutter beim Vater ausgestochen, so betonen sie die weiblichen Geschlechtseigenschaften durch Kleidung und Verhalten. Sie haben ja erlebt, daß Charme und Liebsein zur Anerkennung durch den wichtigsten Mann in ihrem Leben führten. Daß die Mutter vieles konnte, was sie als Kinder nicht können konnten, zum Beispiel Haushaltsführung, Geldverdienen und vor allem erwachsene Sexualität, hat die Mutter ja nicht davor bewahrt, beim Vater den kürzeren zu ziehen. Auch weil erwachsene Sexualität Sache der Mutter war, vermeiden sie es oft, in eine Situation zu kommen, wo es "ernst wird", weil sie fürchten, im Vergleich mit anderen Frauen, mit denen der Mann sexuellen Umgang hatte, schlecht abzuschneiden. Es ist gleichsam nicht ihre Sache, nicht ihre Stärke. Genitale Sexualität war etwas, das schon die Mutter ihnen voraus hatte.

Ebenso wie die Frauen, die sich mehr männlich verhalten, ist die betont weibliche hysterische Frau der Attraktivität ihres Genitales unsicher. Der Vater hatte daran ja kein manifestes Interesse, er hat eher weggeguckt, er hat es verschmäht. Manchmal rächen sie sich dafür am Vater, indem sie sich stellvertretend an anderen Männern rächen: sie verweigern sich sexuell, so wie der Vater sich ihnen sexuell verweigert hat. Dabei war die kindliche Vorstellung von Sexualität natürlich eine andere als später die erwachsene: mit dem Vater hinter verschlossenen Türen etwas machen, bei dem keiner zugucken darf. Davon, was da genau passiert, haben Kinder in der ödipalen Phase noch keine rechte Vorstellung. Sind sie aufgeklärt, können sie doch die emotionale Seite partnerschaftlicher Sexualität nicht ermessen, weil sie die nicht erlebt haben und nicht erleben könnten. Ist es zwischen Vater und Tochter zu expliziten sexuellen Handlungen gekommen, hatten die Kinder kein erwachsenes Erleben von Sexualität, sie wurden mißbraucht. Sie sehen auch künftig Sexualität unter dem Aspekt des Mißbrauchs.

Die Einstellung männlich identifizierter Frauen zum eigenen Genitale und auch zu den sekundären Geschlechtsmerkmalen ist durch Ablehnung, manchmal auch Ekel gekennzeichnet; kompensatorisch wird das eigene Genitale und werden die eigenen sekundären Geschlechtsmerkmale aber oft idealisiert. Daraus resultiert eine ambivalente Einstellung mit einer Unsicherheit, wie ein Mann ihre Geschlechtseigenschaften wohl finden wird - anziehend oder abstoßend oder sogar lächerlich.

Sie fürchten zum Beispiel, ein Mann könne nur einen Mann wirklich ernst nehmen. Das gilt oft auch für Frauen, die sich mit der Rolle der Partnerin des Vaters identifiziert haben. Gegenüber der Alternative, so zu sein wie der geliebte und bewunderte Vater, ist die Rolle seiner Partnerin für sie dann das Zweitbeste.

Mit der Rolle der Partnerin des Vaters identifizierte Frauen erleben den Koitus wie das Öffnen einer Tür, hinter der sich die früheren Partnerinnen des Vaters verbergen, die ihm auch nicht genügen konnten. Die Sage von Ritter Blaubart stellt das dar.

Weil sie andererseits alles von Männern erwarten, und alles durch Liebsein und Charme erreichbar zu sein scheint, erwerben sie oft nicht die erwachsenen Kompetenzen einer Frau im häuslichen und im beruflichen Bereich.

Entsprechendes gilt auch für Männer, die der Liebling der Mutter waren und den Vater durch Liebsein und Charme und durch das, was sie zu werden versprachen, aber noch nicht sein konnten, bei der Mutter ausstachen. Solchen Männern kommt es vor allem darauf an, von Frauen akzeptiert zu werden. Das gelingt ihnen meist auch eine gewisse Zeit, aber eben nur so lang, wie sie als vielversprechende junge Männer durchgehen können. Mit vierzig kann man kein vielversprechender junger Mann mehr sein. Man muß auch etwas gleistet haben, um Anerkennung bei Frauen zu finden, für die berufliche Leistung und soziale Stellung in der Regel zählen. Männer legen bei Frauen darauf im Durchschnitt weniger Wert, auch heute noch. Wenige Frauen wählen Männer aus einer sozialen Schicht als Partner, die unter ihrer liegt, während das entsprechend bei Männern häufiger vorzukommen scheint.

Frauen, die von den beruflichen Erfolgen ihrer Männer enttäuscht sind, verkraften das oft schwer; vor allem dann, wenn sie eigentlich auf einen Jupiter-Mann nach dem Modell des idealisierten Vaters geträumt haben.

Manche Männer waren als Kinder von der Mutter enttäuscht und wandten sich dem Vater zu. Meist kann ein Vater einem die Mutter aber emotional nicht ersetzen; dazu ist der traditionelle Umgang der Väter mit ihren Söhnen nicht so sehr geeignet. Väter schmusen mit Töchtern, manchmal zuviel, nicht aber mit Söhnen. Es ist aber möglich, daß eine hysterische Struktur sich in einer negativ-ödipalen Beziehung entwickelt. Negativ wird hier im Sinne eines Gegenstücks zum Positiv gebraucht, ähnlich wie in der Photographie. Was beim Positiv schwarz ist, ist beim Negativ weiß und umgekehrt. Im negativen Ödipuskomplex wird das gleichgeschlechtliche Elternteil geliebt, das gegengeschlechtliche als Rivale erlebt. Negativer und positiver Ödipuskomplex sind Aspekte der ödipalen Dreiecksbeziehung, die immer beide vorkommen, wobei bei einer heterosexuellen Entwicklung der positive Ödipuskomplex an Bedeutung überwiegt. Manche an der Mutter enttäuschten Männer suchen sich eine Ersatzmutter. Das kann eine Großmutter, eine Tante, eine Nenntante oder eine Hausgehilfin sein. Mit ihr erleben sie dann die hysterogene ödipale Beziehung.

Männer, die mit der Rolle des Lieblings der Mutter identifiziert sind, sind sich ihrer Männlichkeit unsicher - besonders hinsichtlich der sexuellen Potenz, die sie in der Beziehung zur Mutter ja nicht erproben konnten. Die Begeisterung einer frisch verliebten Frau an ihrer Potenz kann ihr auf die Geschlechtseigenschaften bezogenes Selbstwertgefühl verbessern. In einer

Dauerbeziehung, wo die Begeisterung abklingt und Sexualität von der Frau weiter geschätzt, aber doch als selbstverständlicher angesehen wird, fehlt ihnen die begeisterte Form der Anerkennung. Die suchen sie dann bei anderen Frauen.

Die Sexualität der an den Vater fixierten Frauen ist oft auch im Vollzug gestört. Wenn ihr Partner es nicht "schafft", halten sie nach anderen Männern Ausschau, die sie "erwecken" könnten. Sie gehen fremd oder suchen zumindest Anerkennung durch Flirts, was den Partner verunsichert und eifersüchtig macht.

Entsprechend der Beziehung zum Vater suchen Frauen, die an den Vater fixiert sind, einen großen und starken Mann, dem gegenüber sie sich dann aber minderwertig fühlen und mit dem Sexualität nicht gelebt werden kann, weil das Inzesttabu, aus der Vaterbeziehung auf die Beziehung zum Partner übertragen, sie daran hindert. Der bewunderte und begehrte Mann ist oft ihr Chef, den sie platonisch verehren. Den realen Partner wählen sie meist nach dem Modell der Vater-Tochter-Beziehung: häufig ist es ein emotional warmer, im Beruf aber wenig erfolgreicher oder sonstwie schwacher Mann, wobei sie zunächst glauben, daß ihnen der geringe berufliche Erfolg und die damit verbundene bescheidene soziale Stellung nichts ausmachen würden.

Manche dieser Frauen wählen auch einen "vielversprechenden jungen Mann", der sie später enttäuscht. Andere versuchen, den Partner zu "pushen". Er soll beruflichen Erfolg haben. Hat er den aber, gerät er in die Rolle des Vaters, und es kommt zur sexuellen Blockierung. Heiratet die an den Vater gebundene Frau ihren Chef, versucht sie, ihn kleinzumachen, damit er in die Rolle des kleineren und schwächeren Partners kommt, den sie von dem männlich identifizierten Anteil ihrer Persönlichkeit her aushalten kann und der dem Vater unähnlich ist, so daß das Inzesttabu nicht mehr wirkt. Dann erlebt sie den Mann aber als nicht mehr "potent" genug. Durch das zusammen Wohnen wird das Inzesttabu meist verstärkt. Der Chef wurde zum Mann in der Wohnung und insofern dem Vater ähnlicher. Ist der Chef erheblich älter, kann das dem Inzesttabu entgegenwirken: der ödipale *Vater* war ja seinerzeit ein *junger* Mann (König 1991). Der ideale Partner einer an den Vater gebundenen Frau wäre vielleicht der sogenannte "zerstreute Professor", also ein Mann in angesehener sozialer Stellung, der im Praktischen aber schwach und auf seine Partnerin in allen Dingen des täglichen Lebens angewiesen ist, die nicht mit seinem Beruf zusammenhängen. Da ein Professor heute aber auch Eigenschaften eines Managers haben muß, die ein lebensunpraktischer Mann kaum aufweisen wird, ist diese Spezies leider im Aussterben begriffen.

Wie schon angedeutet wurde, haben hysterisch strukturierte Männer und Frauen Probleme mit *Rivalität*. Rivalität wird stereotyp aufgesucht oder stereotyp vermieden; manche rivalisieren, ohne es selbst zu merken. Rivalität kann umgangen werden, indem man Rivalitätssituationen vermeidet, aber auch, indem man sich dem Stärkeren unterwirft. Ein ödipal fixierter Mensch wird vielleicht immer gleich einen Kampf mit dem oder der Stärksten beginnen oder sich in jeder Situation zum Liebling des Stärksten machen wollen.

Wesentlicher Bestandteil dessen, was man gemeinhin als hysterisches Verhalten ansieht, ist ein *erotisches Signalverhalten*, das nicht erotisch motiviert ist, sondern deshalb eingesetzt wird, weil es schon in der ödipalen Phase bewirkt hat, daß sich der Vater einer von der Mutter enttäuschten Tochter emotional und oft auch oral spendend zuwandte. Hysterische Frauen berichten zum Beispiel, daß sie vom Vater alles haben konnten, wenn sie sich ihm auf den Schoß setzten und mit ihm schmusten. Hysterische Männer sonnen sich in der Bewunderung von Frauen, auf die sie "Eindruck machen", ohne daß sie mit jeder dieser Frauen ins Bett wollten; es ist ihnen aber meist bewußt, daß sie erotische Signale aussenden, und es stört sie nicht, wenn Frauen mit erotischen Gefühlen auf diese Signale reagieren, ganz im Gegensatz zu sexuell blockierten hysterischen Frauen, die oft unangenehm überrascht sind, wenn ihre erotischen Signale "wörtlich genommen" werden.

Dabei ist die sexuelle Blockierung dieser Frauen nicht die Ursache, sondern die Folge der ödipalen Fixierung. Ursprünglich entsteht die ödipale Fixierung an den Vater ja deshalb, weil Bedürfnisse, die in der Beziehung zur Mutter nicht befriedigt werden konnten, in die Beziehung zum Vater verlagert werden, während die Bedürfnisse des "Muttersöhnchens" von der Mutter besonders gut befriedigt werden, der Vater ist dann quasi schon besiegt.

Bindet sich ein Junge an eine Ersatzmutter, ist Rivalität mit dem Vater nicht nötig; es sei denn, der hat an dieser Frau auch ein Interesse. Manchmal wird eine Ersatzmutter allerdings aufgesucht, weil der Vater die Mutter zu sehr für sich in Anspruch nimmt; das ist dann schon ein Ausweichen aus einer Rivalitätssituation. Hat sich die hysterische Struktur eines Mannes in enger Beziehung zum Vater unter Ausschluß der Mutter entwikkelt, wurde auch nicht mit einem Mann rivalisiert. Manche dieser überwiegend negativ-ödipalen Beziehungskonstellationen haben aber auch einen Unterwerfungsaspekt: Den Vater bei der Mutter auszustechen, erscheint aussichtslos, weil der Vater eine so starke Position bei der Mutter hat. Und gerade deshalb sucht der Junge gleich eine gute Beziehung zum Vater, wobei er die positiv-ödipale Beziehung gleichsam umgeht und kurzschlüssig auf eine Beziehungsform zusteuert, die sonst erst am Ende einer ödipalen Auseinandersetzung steht, die der Vater gewann. Der Junge gesellt sich zum Vater nach dem Motto "if you can't lick them, join them"; also: wenn du sie nicht besiegen kannst, verbünde dich mit ihnen.

Weil diesen Männern die Erfahrung des Rivalisierens mit dem Vater fehlt, haben sie aber Angst, mit Männern zu rivalisieren. In der männlichen Rolle lassen sie sich durch Frauen bestätigen; von Männern werden sie oft nicht als ihresgleichen akzeptiert.

Warum wirkt sich die ödipale Fixierung der Frau an den Vater im allgemeinen im sexuellen Vollzug stärker aus als die Fixierung des Mannes an die Mutter? Zum einen wurde die Sexualität von Frauen in allen europäischen Kulturen schon immer mehr unterdrückt als die der Männer. Sie ist vielleicht auch deshalb störbarer. Zum anderen ist das Inzesttabu bezüglich sexueller Kontakte zwischen Mutter und Sohn ungleich strenger als die Tabuisierung des Vater-Tochter-Inzests. Gerade wegen ihrer Tabuisierung sind manifest heterosexuelle Phantasien im Ödipus des Mannes seltener. Sie können sich dann auch nicht hemmend auswirken. Die Ablösung des Sohnes aus der Mutter-Kind-Dyade wird durch die Gesellschaft in ganz anderer Weise erleichtert und vorbereitet als die Ablösung der Tochter vom Vater. Ein Sohn, der an der Mutter "klebenbleibt", gilt früh, meist schon in der Adoleszenz, als Muttersöhnchen; es wird erwartet, daß er sich von der Mutter trennt. Die Bezeichnung "Vatertochter" hat, soweit sie überhaupt gebräuchlich ist, eher positivere Konnotationen.

Vom Sohn wurde durch die Jahrhunderte erwartet, daß er aus dem Haus geht und neue, auch sexuelle Erfahrungen außerhalb der Ursprungsfamilie sammelt, ehe er eine eigene gründet. Die Tochter blieb zu Hause, und es schützte sie vor einer ungewollten Schwangerschaft, wenn sie an einen Mann gebunden blieb, dem der konkret-sexuelle Umgang mit ihr verwehrt war. Auch heute noch wird auf christlichen Hochzeiten traditionellen Stils die Braut dem Bräutigam vom Vater zugeführt; damit zeigt er, daß er seinen Anspruch auf sie aufgibt. Man stelle sich das Entsprechende beim Bräutigam vor: die Mutter führt ihn der Braut zu.

Auch wegen der erschwerten Ablösung vom Vater, die auch heute noch eine Rolle spielt, bleibt die ödipale Konstellation bei der Frau nicht nur als Grundmuster erhalten, sie geht kontinuierlicher als beim Mann in den erwachsenen Umgang mit den Geschlechtspartnern über. Auch deshalb führt das Inzesttabu der ödipalen Beziehung zum Vater häufiger zu Schwierigkeiten im sexuellen Vollzug, während sexuelle Blockierungen beim hysterischen Mann seltener sind.

Kombinationen und Varianten

In diesem Buch werden Grundtypen beschrieben, die selten in reiner Form, häufiger in Kombinationen vorkommen. So kann sich die depressive Struktur mit der hysterischen kombinieren. Es entsteht dann eine Struktur, die weitgehend durch die oralen Frustrationen in der frühen Beziehung zur Mutter bestimmt ist. Der Vater bietet mehr, und deshalb bindet sich ein hysterisches Mädchen an den Vater.

Es gibt aber auch Entwicklungen, bei denen die Frustrationen durch die Mutter keine Rolle gespielt haben. Der Vater bot aber dennoch mehr als die Mutter. Es kam so zu einer starken Bindung an den Vater, die etwas mit seinen Angeboten, vielleicht auch mit seinen emotionalen Bedürfnissen zu tun hat. So kann sich die Mutter der Tochter mehr zugewandt haben als dem Ehemann. Die Tochter wurde nicht frustriert, wohl aber der Ehemann, der dann in der Tochter eine Ersatzpartnerin suchte und ihr Angebote machte, die sie an ihn binden sollten, damit sie seine emotionalen Bedürfnisse befriedigte, die sich nicht unbedingt in sexuellen Handlungen mit der Tochter äußern müssen.

So könnte man sich die Entstehung einer rein hysterischen Struktur vorstellen; die meisten hysterischen Strukturen haben aber einen oralen Kern, manche einen narzißtischen oder einen schizoiden. In der Beziehung zum Vater soll dann ein Defizit der vorangegangenen Entwicklung ausgeglichen werden. Die depressiv-hysterische Struktur entspricht in etwa der hysterischen

Struktur mit vorwiegend oraler Konfliktthematik, wie HOFFMANN (1979) sie beschrieben hat.

In seiner Beschäftigung mit analen Vorgängen und seinem Interesse daran kann ein Kind, dessen Eltern allen analen Vorgängen ambivalent gegenüberstanden, nicht allzu stark unterdrückt worden sein. Das Kind hat wahrgenommen, daß es um etwas eigentlich Verbotenes, widerwillig Toleriertes ging: etwa im Umgang des Kindes mit dem eigenen Kot oder aber im Umgang mit dem eigenen Bewegungsdrang und der eigenen Aggressivität. All das wird durch die Ambivalenz der Eltern interessant, ohne daß es unterdrückt würde. Es ist so, wie wenn ein Adoleszenter raucht oder Alkohol trinkt. Die Eltern sehen es nicht gerne, aber gerade deshalb ist es attraktiv.

So gibt es folgerichtig *Zwangsstrukturen,* die eigentlich wenig zwanghaft sind, bei denen eher die *Bedürfnisse* der sogenannten analen Entwicklungsphase eine besondere Bedeutung behalten haben und in erwachsenere Formen der Bedürfnisbefriedigung transformiert wurden; man spricht hier von Sublimation. Diese Form der Zwangsstruktur unterscheidet HOFFMANN (1979) von der mehr durch Verbote und Abwehr bedingten Zwangsstruktur im engeren Sinne als anale Struktur.

Ein Maler oder modellierender Bildhauer wäre einer, der solche Bedürfnisse in sublimierter Form durchsetzt, statt sie zu unterdrücken. Natürlich kann er das nur gut, wenn er auch die entsprechende Begabung hat; es gibt aber bescheidenere erwachsene Formen der Umsetzung analer Bedürfnisse, zum Beispiel in Berufen, die sich viel mit Schmutz beschäftigen und ihn nicht beseitigen, sondern transformieren. Zum Beispiel tut das jemand, der sich mit der Aufbereitung von Abwässern beschäftigt.

Wahrscheinlich aufgrund ähnlichen Elternverhaltens gibt es Strukturen, die durch einen sublimierten Umgang mit Oralität und mit Sexualität gekennzeichnet sind. Die entsprechenden Triebbedürfnisse sind besonders wichtig, sie nehmen im Leben viel Raum ein, aber sie werden nicht direkt oder nicht nur direkt ausgelebt. Menschen, die großen Wert auf Essen und Trinken legen, können gleichzeitig viel lesen; in einer Bibliothek fühlen sie sich wie im Schlaraffenland. Ein Mensch, der seine sexuellen Wünsche auch direkt umsetzt, kann daneben erotische Schriften oder Bilder sammeln oder als Maler oder Bildhauer viele Frauen darstellen. Wahrscheinlich hängt es auch von den Erbanlagen ab, welche Triebbereiche am stärksten ausgeprägt sind, aber nicht nur: Eltern tragen wesentlich dazu bei, wenn sie durch eine zwiespältige Einstellung zu bestimmten Triebbereichen das Interesse des Kindes gerade an diesen Bereichen verstärken.

Grundsätzlich kann sich jede Struktur mit jeder kombinieren. Früher entstandene Strukturanteile beeinflussen die Entwicklung späterer, ja leiten deren Entwicklung sogar ein, wie ich das für die hysterische Struktur dargestellt habe. Spätere Strukturentwicklungen weisen einem vorher entstandenen Strukturanteil einen neuen oder zumindest veränderten Platz an. Eine hysterische Strukturentwicklung bedingt einen bestimmten Umgang mit Oralität; sie lenkt zum Beispiel die Erwartungen auf orale Befriedigung zu väterlich wirkenden Männern hin, oder sie konzentriert sich auf diese, was bis zu ausbeuterischen Tendenzen Männern gegenüber gehen kann. Analog kann ein Mann, dessen orale Bedürfnisse immer nur durch Frauen befriedigt wurden und nie auch durch Männer, seine oralen Erwartungen auf Frauen konzentrieren, so daß sie eine Intensität annehmen, die von betroffenen Frauen, aber auch vom außenstehenden Beobachter, als ausbeuterisch empfunden wird.

Ein besonderes Interesse der Eltern an oralen oder analen Vorgängen oder eine besonders ungestörte Befriedigung im oralen oder analen Bereich können bewirken, daß es zu einer Fixierung kommt und auf orale oder anale Befriedigungsmöglichkeiten zurückgegriffen wird, wenn ein anderer Wunsch nicht befriedigt werden kann. Wenn sexuelle Befriedigung nicht möglich ist, kann so auf Essen zurückgegriffen werden. Die Befriedigung kann direkt oder sublimiert erfolgen. Jemand, der sich vor sexuellen Kontakten scheut, kann essen, er kann sein Interesse dem eigenen Stuhlgang zuwenden oder er kann zum Beispiel Erotika sammeln. Im Sammeln von Erotika kann ein oraler Wunsch befriedigt werden, das Material wird der Sammlung "einverleibt"; durch das Ansammeln kann ein analer Wunsch befriedigt werden und durch das Lesen oder das Betrachten der Erotika kann Sexualität direkt befriedigt werden - in wunscherfüllenden Phantasien oder konkret durch Masturbation.

Aus Fixierungen, die nicht durch Frustration entstanden sind, können so zum Beispiel orale und anale Charakterzüge entstehen, die darin bestehen, daß Befriedigung selektiv im Bereiche der Fixierung gesucht wird. Man könnte dann, im Unterschied zu einem depressiven oder zwanghaften Charakter, bei dem Oralität beziehungsweise Analität abgewehrt sind, von einem oralen beziehungsweise analen Charakter sprechen. Ich halte es der Übersichtlichkeit halber für günstiger, den oralen und analen Charakter als Varianten der depressiven und der Zwangsstruktur aufzufassen und so diesen Strukturen zuzuordnen.

Oft spielt ein bestimmter Wunschbereich zwar dann keine Rolle, wenn alle Wünsche gleichmäßig befriedigt werden können, es wird aber darauf zurückgegriffen, wenn ein Wunschbereich von der Befriedigung ausgeschlossen ist. Es muß dann noch keine Fixierung vorliegen. Positiv erlebte Sexualität kann zum Beispiel dazu disponieren, sexuelle Befriedigung zu suchen, wenn andere Befriedigungsmöglichkeiten verschlossen sind. In Frankreich gibt es dazu die Redewendung: Liebe ist der Kaffee der Armen. Ein Staat, der verdienten Bürgern Orden verleiht, statt ihnen materielle Vergünstigungen zu gewähren, macht sich die Möglichkeit zunutze, eine Befriedigung von Geltungswünschen als Ersatz für die Befriedigung von oralen Wünschen zu nehmen. Daß dies seine Grenzen hat, zeigte sich während der Weltwirtschaftskrise nach dem ersten Weltkrieg: Kriegsveteranen bettelten und legten dabei ihre Orden an. Sie zeigten damit, daß sie aufgrund ihrer Verdienste auch etwas zu essen bekommen wollten, was sie dann von Passanten in Form von Geld einforderten.

Adoleszenz und Charakterentwicklung

Die Komplexität der menschlichen Psyche verführt zu Vereinfachungen. Vielleicht hat sich die Psychoanalyse auch deshalb mit der Adoleszenz in ihren Einflüssen auf die Persönlichkeit des Erwachsenen spät befaßt, während ihre Bedeutung im Bereich der Pädagogik wiederum zuungunsten der ersten Lebensjahre überschätzt wurde. Wenn man in Psychoanalysen darauf achtet, findet man regressive Übertragungen der Mutter oder des Vaters aus der Adoleszenz. Viele Menschen sind aber auch in der Entwicklung ihres Selbst in der Adoleszenz steckengeblieben, sie haben eine adoleszente Fixierung, so wie es ödipale oder anale Fixierungen gibt. Sie sehen auch im Alltag, nicht nur in der Regression während einer Therapie, andere Menschen aus der Perspektive des Adoleszenten; sie übertragen Elternobjekte, so wie sie ihnen damals erschienen sind, auf Menschen, mit denen sie jetzt als Erwachsene umgehen. Oft bewahren sie auch die Weltsicht aus dieser Zeit, was deshalb ohne kognitive Widersprüche möglich ist, weil ihre Weltsicht der damaligen Zeit oft auch von den Erwachsenen aus jener Zeit vertreten wurde. Es handelt sich ja nicht nur um adoleszente Ansichten und Einstellungen, und doch muten sie in der jeweiligen Gegenwart seltsam antiquiert an. Oft behalten solche Erwachsenen auch äußere Lebensformen bei, die zur Zeit ihrer Adoleszenz allgemein üblich waren, in der Gegenwart aber selten geworden sind. Sie kleiden sich nicht selten auch ein wenig wie damals.

Was für ein Adoleszenter jemand nun wird, hängt natürlich von seinen Vorerfahrungen ab. Im Abschnitt über die Entwicklung der hysterischen Struktur wurde dargestellt, wie die ödipale Vorgeschichte einer Beziehung zum Vater die Interaktionen der beiden in der Adoleszenz der Tochter beeinflußt.

Viele Eltern haben für die Adoleszenz ihrer Kinder Erziehungsziele, die man sehr in Frage stellen muß. Sie geben sich der Illusion hin, eine Ablösung von den Eltern könne reibungslos und konfliktlos vonstatten gehen. Weshalb sollten denn auch Konflikte auftreten, wenn die Eltern doch das Beste für das Kind wollen?

Leider aber sind die Vorstellungen der Eltern und des Kindes selbst, was das Beste für ein Kind sei, in der Regel verschieden. Das gilt nicht nur, wenn die Eltern unvernünftige Vorstellungen haben, wenn sie zum Beispiel die Kinder als narzißtische Extensionen ihrer selbst, oder weil ihnen als Depressiven Trennung sehr schwer fällt, bei sich behalten, oder als Zwanghafte sie in ihrer Berufswahl bevormunden und überhaupt ihre Lebensziele bestimmen wollen. Auseinandersetzungen sind auch mit Eltern nötig, von denen eine Jury aus erwachsenen Experten sagen würde, daß ihre Absichten und Ziele die allervernünftigsten sind.

Auseinandersetzungen würde es selbst dann geben, wenn eine Jury aus Adoleszenten zum gleichen Ergebnis käme. Um eine Trennung von den Eltern zu vollziehen, muß ein Adoleszenter Gegenpositionen beziehen; wenn sie sich ihm nicht anbieten, sucht er sie sich. Dabei entnimmt er sie im allgemeinen nicht aus Büchern, er übernimmt sie aus einer Peergruppe, von der er nun keineswegs unabhängig ist; manchmal sind auch die Eltern von Gleichaltrigen Vorbilder, wenn sie auf andere Weise leben als die Eltern. Wird die Periode der Adoleszenz in völliger Harmonie durchlaufen, ist das ein Zeichen dafür, daß die Autonomieentwicklung des Kindes in der Zeit vorher erheblichen Schaden gelitten hat oder der Adoleszente über die altersgemäßen Durchsetzungsmöglichkeiten nicht verfügt, zum Beispiel als Depressiver, Phobiker oder Zwanghafter, der Angst vor dem Verlust der Objekte hat oder sich Autoritäten aggressionsgehemmt unterwerfen muß. Dann bleiben die Kinder oft sehr lange ans Elternhaus gebunden.

War die Auseinandersetzung im Gegenteil heftig und traumatisch, kommt es meist zu verdeckten Bindungen an die Elternfiguren: man hat sich nicht *abgelöst*, sondern *losgerissen*. Besonders Adoleszente, die im Konflikt früh aus dem Elternhaus ausgezogen sind, lassen oft sehr starke latente oder manifeste Bindungen an die Eltern erkennen. Wahrscheinlich ist es am günstigsten, wenn die Eltern weniger versuchen, die Kinder zu bevormunden, als ihre eigenen Interessen zu vertreten, wenn sie sich durch die Aktivitäten der Kinder gestört oder beeinträchtigt fühlen; daß ihnen die Zukunft ihrer Kinder am Herzen liegt, sollte dabei erkennbar bleiben. So sind die Eltern eine Art Sparringspartner für das spätere Leben ohne sie; die Kämpfe haben Übungscharakter, der Sparringspartner ist aber kein Gegner. Die Eltern vertreten dann nicht nur ihre Interessen, sie leisten dem Kind auch Widerpart in der Absicht, sie auf ein Leben vorzubereiten, wo andere Menschen sich ihnen gegenüber nicht wie Eltern einstellen werden, die eigene Interessen zurückstellen, weil die Kinder ein Stück der eigenen Zukunft sind.

Zwischen unselbständigen Kindern und von ihnen emotional allzusehr abhängigen Eltern kommt es oft zu einem Zusammenspiel, das darauf abzielt, die Distanzierung oder Trennung zu verhindern. Zum Beispiel bringt sich das Kind in allerlei Schwierigkeiten, so daß die Eltern immer wieder eingreifen müssen und eine gute Begründung dafür haben, das Kind nicht aus dem Haus zu lassen. Die Eltern helfen dem Kind schimpfend, klagend oder still leidend, sind aber, ohne sich das einzugestehen, doch befriedigt und erleichtert, weil ihr Kind sie noch braucht. Besonders dem jüngsten Kind wird der Auszug aus dem elterlichen Haushalt oft schwer gemacht; nicht etwa nur, wenn die Eltern schon pflegebedürftig sind oder bald mit einer Pflegebedürftigkeit rechnen. Sie brauchen das Kind nicht äußerlich, sondern innerlich. Der Abschied von Kindern, die vorher gegangen sind, ist ihnen schon schwer gefallen, beim letzten schaffen sie es nicht mehr. Der Adoleszente braucht aber auch eine äußere

Trennung oder doch zumindest Distanzierung, um selbständig werden zu können. Mädchen sind häufiger betroffen als Jungen, nicht nur weil sie im Haushalt der Eltern helfen sollen, sondern auch aus historisch-gesellschaftlichen Gründen. So etwas wie die Wanderjahre für Handwerksgesellen oder Studenten hat es für Mädchen ja lange nicht gegeben. Die Mädchen blieben zu Hause, bis sie geheiratet wurden oder in ein Kloster gingen; eine unverheiratete Frau, die nicht ins Kloster ging, blieb bei den Eltern. Auch heute noch bringt für ein Mädchen oft erst die Heirat die Trennung von zu Hause. Ein Mann wird dann nicht selten nur als Mittel zum Zweck der Trennung benutzt, was für die Beziehung zu dem Mann nicht gut ist. Auch wenn Liebe und gegenseitiges Verstehen im Spiel sind, wird meist nur eine Form der Abhängigkeit durch eine andere ersetzt. Die Abhängigkeit solcher Frauen vom Mann paßt dann nicht zu der Rolle, die unsere Gesellschaft den Frauen zunehmend anbietet und auch von ihnen fordert: die der kompetenten, selbständigen und berufstätigen Frau, einer Frau, die in der Lage ist, zu führen und nicht nur abhängig zu sein.

Auch die Männer erwarten zunehmend mehr Selbständigkeit von den Frauen, die auch einen Teil der ökonomischen Verantwortung für die Familie übernehmen sollen. Eine Frau, für deren persönliches Wohlergehen sie ganz und allein verantwortlich sind und die nicht über die emotionalen Möglichkeiten und faktischen Kompetenzen verfügt, von ihnen unabhängig berufstätig zu sein, empfinden immer mehr Männer als Belastung.

Gerade die Beziehungen jener Frauen, die von ihren Männern sehr abhängig sind, haben eine schlechte Prognose. Die Männer sprechen von klammernden Partnerinnen, die ihnen keine Freiheit und keine Luft zum Atmen lassen. Auch Männer, die ähnliche Mütter haben und sich vielleicht deshalb eine abhängige Frau ausgesucht haben, setzen sich mit der Zeit gegen die Umklammerung zur Wehr. Natürlich gibt es auch klammernde Männer. Dann können es die Frauen sein, die das Weite suchen. Allerdings sind Frauen, die Kinder geboren haben, oft eher als Männer bereit, eine unbefriedigende Beziehung durchzuhalten. Es kommt noch hinzu, daß ältere Frauen oft schwerer als ein Mann einen Partner finden. Sie müssen dann zwischen Umklammertwerden und Ohne-Partner-Sein wählen. Ihre geringere Attraktivität im Vergleich zu gleichaltrigen Männern hängt nicht nur damit zusammen, daß die Fertilität früher verlorengeht, sondern auch damit, daß die äußeren Merkmale einer fertilen Frau schwinden. Die sexuelle Attraktivität ist ja tief im Biologischen verankert. Die Einstellungen der Männer entsprechen hier noch denen der Jäger und Sammler. Sexualität, die in eine gewachsene Beziehung integriert ist, bleibt meist dennoch erhalten.

Zentrale Beziehungswünsche bei den verschiedenen Strukturen

Die einzelnen Charakterstrukturen haben charakteristische zentrale Beziehungswünsche. Gewünscht wird eine Beziehung bestimmter Qualität zu einer Person, die bestimmte Eigenschaften hat. Die Eigenschaften der Person, zu der eine Beziehung gewünscht wird, und die gewünschte Art der Beziehung lassen sich auf bestimmte Entwicklungsstadien des Menschen zurückführen.

So wünscht ein Mensch, für den seine *orale Entwicklungsphase* eine große Bedeutung behalten hat, weil seine Entwicklung zu jener Zeit beeinträchtigt wurde, eine Beziehung zu einer versorgenden, nach Möglichkeit unbegrenzt gebefreudigen Person. Das ist der unverstellte Wunsch. Beim Depressiven mit einer blockierten Oralität könnte eine solche Beziehung aber oft nicht genossen und vielleicht nicht einmal ausgehalten werden. Der Beziehungswunsch wird abgewehrt, vielleicht in der Weise, daß der Depressive, statt sich versorgen zu lassen, für einen anderen sorgt und sich für ihn verausgabt. Er geht mit dem anderen so um wie er wünscht, daß der andere mit ihm umgehen möge, und genießt das, indem er sich mit dem anderen über dessen Versorgtwerden freut. Mit einem von ANNA FREUD geprägten Ausdruck nennt man das altruistische Abtretung. Sie entspricht einer *projektiven Identifikation* vom Konfliktentlastungstyp: eigene orale Strebungen werden im Gegenüber untergebracht und können so genossen, dort aber auch begrenzt werden. Die Begrenzung wird meist schon durch die immer noch karge Situation dessen gewährleistet, für den der Depressive sorgt.

Akzeptiert der Depressive ein Versorgtwerden, darf es nicht unbegrenzt sein, es muß etwas Spartanisches behalten. Zum Beispiel kann im Bereich des konkreten Essens eine sorgfältig zubereitete, in der Menge und in der Zusammensetzung aber begrenzte Diät den besten Kompromiß zwischen dem oralen Wunsch und der Abwehr des Wunsches darstellen.

Ein Depressiver kann sich eine Partnerin suchen, deren Oralität stärker blockiert ist, und sich von ihr auf die beschriebene "altruistische" Weise oral versorgen lassen wie ein Kind von seiner Mutter. Solche Beziehungen gehen gut, solange sich die Rollen nicht zu stark polarisieren. Der oral Versorgte kann aber immer passiver werden und an seine Versorgung immer größere Ansprüche stellen, so daß seine Partnerin immer mehr für ihn tun muß und das Wenige an direkter Versorgung, das sie tolerieren kann und braucht, nicht mehr bekommt. So kann ein Depressiver zu arbeiten aufhören und kein Geld mehr nach Hause bringen, mit dem seine Partnerin Nahrungsmittel kauft. Sie muß jetzt den Mann bekochen und außerdem noch das Geld verdienen, übernimmt also die männliche Ernährerfunktion mit. Sie fühlt sich dann zu kurz gekommen, während den Mann ein schlechtes Gewissen plagt, weil die Frau jetzt alles macht und er nichts. Manchmal führen auch Einflüsse außerhalb der Beziehungsdyade eine solche Polarisierung herbei, zum Beispiel kann der Mann unverschuldet arbeitslos werden, sich in dieser Situation hilflos fühlen und depressiv zu Hause herumhängen, ohne etwa die Frau bei der Hausarbeit zu unterstützen. Nach einiger Zeit wird auch die Frau depressiv, oder sie reagiert zumindest mit stummem Vorwurf, was wieder das schlechte Gewissen des Mannes verstärkt, der sich aber nicht imstande fühlt, etwas zu tun; er wird dann noch depressiver. Vielleicht fängt er an zu trinken, um sich zu euphorisieren und sich oral etwas zuzuführen, ohne seine Frau belasten zu müssen - im Endeffekt belastet sein Trinken sie dann aber in anderer Weise, so daß der Mann hier auch die abgewehrte Enttäuschungsaggression, die sich gegen seine nur unwillig versorgende Frau richtet, unterbringen kann.

Ein Mensch mit einer *zwanghaften Struktur* sucht eine Beziehung nach dem Modus des Kontrollierens. Als Beziehungspartner sind Menschen besonders geeignet, die mehr manifeste Willkür zeigen als er selbst. Dann kann er deren Willkür bekämpfen. Er verlagert den Kampf gegen die eigenen unbewußten Willkürimpulse in die Beziehung. Das entspricht auch wieder einer projektiven Identifizierung vom Konfliktentlastungstypus. Dabei kann er sich so verhalten, daß der Partner zu einem willkürlichen Verhalten provoziert wird, wozu das ständige Kontrollieren oft schon ausreicht. Auch Kinder können diese Rolle des zu Kontrollierenden übernehmen. Als Ehepartner wird oft jemand gewählt, der auch zwanghaft ist, dessen Abwehr gegen eigene Willkürimpulse aber etwas weniger dicht hält, so daß er jemanden sucht, der ihm hilft, die Willkürimpulse in Schach zu halten. Auch hysterisch Willkürliche sind geeignet, sofern die Willkür durch den Zwanghaften beherrschbar bleibt.

Menschen mit einer *hysterischen Struktur* können ihrer offen gelebten Willkür nicht selbst Grenzen setzen, so daß sie, wenn andere ihnen nicht Grenzen setzen, in schwierige Situationen geraten. Eine solche Beziehung wird in IBSENS *Nora* dargestellt. Nora emanzipiert sich, trennt sich von ihrem zwanghaften Mann und nimmt ihr Leben selbst in die Hand. So etwas geschieht in Wirklichkeit eher selten. Die Partner haben ja etwas Gemeinsames, nämlich ihr Interesse an Willkür, das sich nur in verschiedenen Formen äußert. Ehen dieses Typs sind deshalb meist trotz aller Kämpfe stabil - besonders dann, wenn sadistische und masochistische Tendenzen eine Rolle spielen, so daß der Kampf um Kontrolle vom sadistischen wie vom masochistischen Partner genossen wird. Ein Beispiel dafür ist die Beziehung der beiden Hauptpersonen in dem Theaterstück *Wer hat Angst vor Virginia Woolf* von EDWARD ALBEE. Die beiden quälen sich gegenseitig, bleiben aber zusammen.

Phobische Menschen suchen im Partner ein steuerndes Objekt, möchten aber latent selbst steuerndes Objekt sein. Tun sich zwei phobisch strukturierte Menschen zusammen, kann jeweils der eine für den anderen als steuerndes Objekt fungieren. Das ist möglich, weil man nicht nur durch Stärke, sondern auch durch Schwäche die Funktionen eines steuernden Objekts ausüben kann.

Eine ängstliche Frau, die nirgendwohin allein geht, braucht den Mann als Begleiter, der sich, während er sie begleitet, nicht in Situationen begeben kann, in denen seine eigenen Willkürimpulse mobilisiert werden: die Frau ist ja dabei. Solche Beziehungen sind oft sehr stabil. Weniger stabil ist dagegen die Beziehung zwischen einem Menschen *zwanghafter* und einem anderen *phobischer* Struktur. Der Zwanghafte kontrolliert den Phobiker, weil ein phobischer Mensch aber im Unterschied zum hysterischen seine Willkür gerade nicht lebt, sondern sie nur fürchtet, wird dem Zwanghaften nicht genug Gelegenheit gegeben, Willkür zu kontrollieren und die Projektionen der eigenen Willkür beim Partner unterzubringen. Als steuerndes Objekt braucht der Zwanghafte den Partner nicht. Der phobische Partner fühlt sich durch das extreme Kontrollieren des Zwanghaften zu sehr eingeschränkt. Der immer auch vorhandene Protest gegen das steuernde Objekt, auf das er angewiesen und von dem er abhängig ist, wird durch den Protest gegen die als übertrieben empfundene Kontrolle des Zwanghaften verstärkt. Außerdem kann der Zwanghafte per projektiver Identifizierung vom Konfliktentlastungstyp den Protest verstärken, bis er doch manifest wird und Charakteristika von Willkür annimmt, damit er seine eigene latente Willkür auf den Partner projizieren und sie in ihm bekämpfen kann. Das macht dem phobischen Partner aber Angst, weil er sich ja gerade fürchtet, willkürlich zu handeln. Er trennt sich, oder er entwickelt eine manifeste Angstkrankheit, wenn aggressive oder sexuelle Willkürimpulse durchzubrechen drohen.

Bei Menschen mit einer *hysterischen Struktur* geht es um das Anerkennen von Geschlechtseigenschaften. Der Mann erwartet von der Frau, daß sie seine Männlichkeit genießt und bestätigt, die Frau erwartet das Gleiche für ihre Weiblichkeit. Das ist wohl in den meisten Beziehungen in gewissem Ausmaß der Fall, bei hysterisch strukturierten Menschen ist dieses Bedürfnis nach Bestätigung der eigenen Geschlechtseigenschaften aber sehr groß, so daß es andere Aspekte der Beziehungen an den Rand drängt.

Meist kann dieses Bedürfnis dann durch einen einzigen Menschen nicht befriedigt werden. Beide Partner suchen zusätzlich Bestätigung durch andere Frauen oder Männer, was durch Fremdgehen oder durch ausgiebiges Flirten erreicht werden kann. Das wird aber vom Partner oder der Partnerin als Zeichen dafür genommen, daß er oder sie selbst ein unzureichender Mann oder eine unzureichende Frau sei, sonst müßte das Bestätigen doch ausreichen.

Solche Beziehungen sind, wie man sich denken kann, eher labil - wenn es überhaupt zu einer Dauerbeziehung kommt und nicht durch die immer neue Verliebtheit die Bestätigung wechselnder Partner gesucht wird. Stabil sind solche Beziehungen, in denen ein Mann, der an seiner Männlichkeit zweifelt, weil er stark mit der Mutter identifiziert ist, den Ausweg wählt, sich mit einer Frau zusammenzutun, die selbst starke männliche Anteile hat und viel leistet. Er fördert seine Partnerin und verteidigt sie gegen alle Kritiker. Sie dient ihm dazu, per altruistischer Abtretung das Männliche in seiner Frau und die Bewunderung mitzugenießen, die den von ihm unbewußt als männlich erlebten Leistungen seiner Frau von anderen entgegengebracht wird. Das ist für ihn vor allem dann sehr günstig, wenn er eigene Tendenzen, sich als Mann groß darzustellen, abwehren muß; zum Beispiel deshalb, weil die Mutter so etwas nicht an ihm mochte, oder weil sie mit dem Kind um Geltung gegenüber ihrem Ehemann, dem Vater des Kindes, rivalisierte.

Andere Männer leben durch ihre Frau den weiblichen Anteil ihrer Identität aus. Solche Männer haben auch sonst oft den Wunsch, sich wegen Eigenschaften bewundern zu lassen, die mehr dem weiblichen Stereotyp entsprechen. Diese Wünsche werden allerdings meist abgewehrt und unter einem betont männlichen Verhalten verborgen. Könnten sie zugelassen werden, würden sie sich im Extremfall darin äußern, daß ein Mann Frauenkleider anzieht, um sich als Frau bewundern zu lassen. Werden solche Tendenzen nicht in einer privaten Beziehung untergebracht, können sie in einem Beruf ausgelebt werden, zum Beispiel in dem des Modeschöpfers oder dem des plastischen Chirurgen, der Frauen verschönert.

Hysterische Menschen haben Angst vor dem Älterwerden, und das aus zwei Gründen: sie fürchten, als ältere Menschen in ihren Geschlechtseigenschaften nicht mehr so attraktiv zu sein wie als junge, und sie sind in mancher Hinsicht in einem kindhaften Entwicklungsstadium stehengeblieben. Dieses Entwicklungsstadium ist unter anderem dadurch charakterisiert, daß einem Kind im Vergleich zum Erwachsenen meist noch eine gewisse Narrenfreiheit gewährt wird. Hysterische wollen ernst genommen werden und dann auch wieder nicht; wie einem Kind soll man ihnen ein unpassendes Verhalten nicht so übel nehmen. Überhaupt erwartet man von einem Kind kaum, daß es schon alles kann wie ein Erwachsener. Ein hysterisch strukturierter Mann möchte zum Beispiel gern in der Rolle des begabten jungen Mannes bleiben, von dem noch viel zu erwarten ist und dem man es deshalb gestattet, Wechsel auf die Zukunft zu ziehen; von einem gewissen Alter an ist er dann aber nicht mehr der vielversprechende junge Mann.

Narzißtisch strukturierte Menschen suchen eine Beziehung, in der Bewunderung ihrer ganzen Person eine große Rolle spielt. Der Partner soll bewundern oder ermöglichen, daß man bewundert wird. Ist zum Beispiel eine Frau viel unscheinbarer als der Mann, kann sie ihren Mann bewundern. Sie identifiziert sich mit ihm und fördert ihn. Etwas Glanz fällt dann auch auf sie, so daß eigene Bedürfnisse nach Bewunderung in bescheidenem Rahmen befriedigt werden. Hier handelt es sich wieder um projektive Identifikation vom Konfliktentlastungstyp: eigene Bedürfnisse nach Bewundertwerden sind abgewehrt und werden im Partner untergebracht. Manch ein Mann, der in der Öffentlichkeit steht, hat eine solche "Mondfrau", die ihn bewundert und es ihm ermöglicht, erfolgreich zu sein - einen Trabanten, ohne den er schwer auskommen könnte, - und die eben deshalb bei ihm bleibt, weil sie sich mit ihm identifiziert und weil etwas von seinem Licht auch auf sie fällt. Oft merken solche Frauen nicht oder spät, daß sie dem Mann nicht als Person wichtig sind, sondern nur Funktionen für ihn haben.

Schizoide Menschen wünschen einen Umgang mit Menschen, mit denen sie sich wortlos verstehen, weil sie ähnlich wie sie empfinden und denken. Über das gute Verstehen hinaus hat eine solche Beziehung für sie den Vorteil, daß sie nicht um den Verlust der eigenen Identität fürchten müssen. Die Grenzen gegenüber einem Menschen, der einem sehr ähnlich ist, brauchen nicht verteidigt zu werden. Der Schizoide hat immer Angst vor einem Überwältigwerden durch das Fremde. Mit einem Menschen, der ähnlich ist, kann er gefahrloser eine Symbiose phantasieren, in der einer im anderen harmonisch aufgeht.

Leider reicht diese Ähnlichkeit meist nicht aus, um eine Dauerbeziehung zu tragen. Sie ist eben oft mehr phantasiert als wirklich. Viele schizoide Menschen bleiben deshalb allein; manche bewahren in sich die Erinnerung an eine als ideal erlebte Beziehung, die beendet wurde, ehe die Realität sie zerstören konnte. Männer und Frauen, die ihre Partnerin oder ihren Partner durch Unfall, Krankheit oder Krieg verloren haben und keine neue Beziehung eingegangen sind, gehören oft dazu. Sie leben mit der Erinnerung weiter, weil sie spüren, daß sich eine solche Beziehung wahrscheinlich nicht wiederholen wird. Sie meinen, einen solchen Menschen würden sie nicht wieder finden, und wissen nicht, daß es die Kürze der Beziehung war, die es ihnen ermöglichte, ihr Phantasiebild vom Partner zu bewahren.

Die Phantasie vom Partner, der "just right" ist, spricht viele Menschen an. In FRANK SINATRAS Lied "Strangers in the night" kommt sie zum Ausdruck - zwei Menschen, die sich als Fremde begegnen und plötzlich entdecken, daß sie einander vollkommen verstehen.

Schizoide Menschen haben keine andere Wahl: ein solcher Partner oder eine solche Partnerin *muß* es sein. Wird die Beziehung nicht von außen beendet, hält sie in der ursprünglichen Form nur so lange, wie die Phantasie hält.

Nicht alle Beziehungen von Schizoiden gehen auseinander, wenn die Phantasie vom anderen zerstört wird. Man resigniert oder geht auf Distanz, bleibt aber aus äußeren Gründen zusammen. Allerdings finden manche Schizoide wirklich einen ihnen so ähnlichen Partner oder eine ihnen so ähnliche Partnerin. Das sind dann Glücksfälle.

Dyadische Fixierung als Charaktereigenschaft

Schizoid strukturierte Menschen suchen die Beziehung zu einem wichtigen Objekt; das kann eine Person sein, aber auch eine Stadt, eine Landschaft oder aber ein Mensch in der Stadt, in einer Landschaft. In einer anderen Umgebung wirkt der Mensch, der vertraut erschien, seltsam unvollständig oder fremd, er erscheint in einem anderen Licht.

Es ist für den schizoiden Menschen charakteristisch, daß er das Begrenzte im Anderen nicht wahrhaben mag; weder in dessen Möglichkeiten noch in dessen physischer Existenz. Auch deshalb gehört die Umgebung eines Menschen, der ihm wichtig ist, zu ihm. Schizoide Patienten, deren Therapeut das Behandlungszimmer wechselt, können ihn plötzlich als fremd erleben. Für sie hängt alles mit allem zusammen. Beziehungen zu zwei wichtigen Personen gleichzeitig können sie schwer haben, weil die Existenz zweier wichtiger Personen bedingt, daß jeder begrenzt ist. Sie begrenzen sich gegenseitig. Allerdings kann ihm eine Gruppe von Menschen wichtig sein, dann erlebt er die Gruppe als ein Objekt.

Narzißtische Menschen können Beziehungen zu mehreren Personen haben, die ihnen wichtig sind, - wichtig in einem abgewertet instrumentellen Sinn oder als zu ihnen gehörig, aber auch instrumentell benutzt, wie ein Arm oder ein Bein. Diese Menschen werden nicht voll als Personen wahrgenommen, als sogenannte Ganzobjekte. Die Menschen sind ihnen wichtig als Funktionsträger.

Der *Depressive* nimmt Personen als Ganzobjekte wahr, auch der *Zwanghafte*, der *Phobische* und der *Hysterische* können Personen als Ganzobjekte wahrnehmen. Sie sind in der Regel in der Lage, gleichzeitig Beziehungen zu mehreren wichtigen und gegeneinander abgegrenzten Personen zu haben.

Gab es in den ersten fünf Jahren der Kindheitsentwicklung eines Menschen aber nur eine wichtige Person, wie das bei den Kindern Alleinerziehender der Fall sein kann, wenn sonst keine Personen mit dem Alleinerziehenden in Gegenwart des Kindes umgingen, wird dieses Kind in seinen Beziehungserwartungen auf die Form einer Zweierbeziehung fixiert bleiben. Auch wenn ein Vater da ist, muß er seine "dreiecksbildende" (triangulierende) Funktion nicht ausführen, zum Beispiel wenn er für das Kind nicht neben der Mutter in Erscheinung tritt, sondern - wenn überhaupt - nur allein mit dem Kind umgeht, wie das zum Beispiel vorkommt, wenn Vater und Mutter sich in der Betreuung des Kindes abwechseln. Das Kind erlebt dann nicht, daß der Vater zur Mutter eine wichtige Beziehung hat und die Mutter zum Vater, daß man also zu zwei Menschen wichtige Beziehungen haben kann. Manche Väter halten sich auch, aus Gründen beruflicher Überlastung oder weil sie wenig Interesse für das Kind aufbringen, von der Mutter fern, wenn sie mit dem Kind beschäftigt ist.

Es kann auch sein, daß die Mutter sich, selbst *dyadisch fixiert,* nur dem Kind zuwendet; der Vater ist dann "abgeschrieben". Ihre Beziehung zum Vater ist unwichtig geworden, und sie läßt ihn nicht an das wichtige Kind heran. In der Rolle des Abgeschriebenen zieht sich ein solcher Vater oft von der Mutter-Kind-Dyade resigniert zurück, statt die Aufmerksamkeit der Mutter zumindest dann wieder für sich zu verlangen, wenn das Kind von der biologischen Entwicklung her die Voraussetzungen zu mehr Selbständigkeit hat.

Ist der Vater dyadisch fixiert, wird er sich auch dann als abgeschrieben erleben, wenn er es nicht wirklich ist. Die Mutter kümmert sich um das Kind wie auch sonst eine Mutter, das heißt, daß sie, zumindest im ersten Lebensjahr, viel Zeit mit ihm verbringt. Der dyadisch fixierte Vater kann es sich nicht vorstellen, daß er der nicht dyadisch fixierten Mutter dennoch wichtig bleibt, weil er kein inneres Modell einer Dreierbeziehung hat.

Manche dyadisch fixierte Männer gehen während der Schwangerschaft ihrer Frauen fremd, was für die Frau selbst und für Außenstehende schwer zu verstehen ist. Diese Männer ertragen es nicht, daß das werdende Kind für die Mutter wichtig wird, und erleben die Beziehung zu ihrer Frau als abgerissen. Sie suchen sich eine andere Person, für die sie wichtig sind; im Stadium der Verliebtheit ist der Partner ja auch der allerwichtigste Mensch.

Kommt es in der Entwicklung eines Menschen nicht zur Triangulierung, bleibt er auf Beziehungen angewiesen, in denen er der einzig Wichtige ist. Tritt eine weitere Person hinzu, erlebt er die Beziehung als labilisiert oder beendet, wenn sich sein Partner dieser Person zuwendet. Es handelt sich hier um eine besondere Form der Eifersucht, die sich von Eifersucht im Rahmen einer Rivalität nach dem Modell der ödipalen Beziehung unterscheidet. Nach dem ödipalen Modell will man *vorgezogen* sein, in der dyadischen Fixierung geht es um die *Beziehung überhaupt*.

In der ödipalen Entwicklungsphase bedingt eine dyadische Fixierung, daß entweder der Vater oder die Mutter als der einzig wichtige Partner gesehen wird. Diesen einzig wichtigen Partner nimmt das Kind als Modell, beim sogenannten positiven Ödipus ist es das gegengeschlechtliche Elternteil, beim negativen Ödipus das gleichgeschlechtliche. Hier bleibt die Entwicklung stehen. *Was nicht zustandekommt, ist die Identifikation mit dem gleichgeschlechtlichen Elternteil in seiner Beziehung zum gegengeschlechtlichen.* Dazu kommt es deshalb nicht, weil der dyadisch Fixierte sich nicht vorstellen kann, daß eine Person, zu der er eine dyadische Beziehung hat, eine Beziehung zu einem anderen wichtigen Objekt haben könnte. Die Beziehungen leiden darunter, daß ein Modell der Beziehung zwischen zwei Erwachsenen nicht internalisiert wurde. Einer muß dann in der späteren Beziehung das Elternteil sein, einer das Kind.

Zumindest in unserer westlichen Gesellschaft ist es wünschenswert, daß ein Mensch sich in Zweier- *und* in Mehrpersonenbeziehungen wohlfühlen kann. Eine dyadische Fixierung verhindert, daß der Betreffende sich in Mehrpersonenbeziehungen wohlfühlt. Es gibt aber auch eine Fixierung auf die Mehrpersonenbeziehung. In einem israelischen Kibbuz, den ich 1984 anläßlich eines psychoanalytischen Kongresses in einer Gruppe von Kollegen besuchte, berichtete man über das Entstehen von Fixierungen auf Mehrpersonenbeziehungen in Kibbuzim. Sie entstehen durch die Betreuung der Kinder in Kindergruppen durch eine erwachsene Bezugsperson pro Altersstufe, so daß die Kinder einander als konstanteste Beziehungsobjekte behalten. Später kommen sie in Gruppen gut zurecht, fühlen sich aber in Zweierbeziehungen nicht so wohl, zum Beispiel, wenn sie heiraten. Da aber nur drei Prozent der Israelis in Kibbuzim aufwachsen, hält man das nicht für ein großes gesundheitspolitisches Problem. Höher ist der Prozentsatz an Menschen, die in der ehemaligen DDR in Kinderhorten aufgewachsen sind. Sie könnten Schwierigkeiten mit dem Alleinsein und mit dem Zu-zweit-Alleinsein haben. Von anderen Einflüssen ist das aber schwer abzugrenzen.

Beobachtbares Verhalten und Charakterstruktur

In der Arbeit mit Patienten oder Klienten hüte ich mich, Strukturdiagnosen allein aus Verhaltensbeobachtungen zu stellen. Beobachtungen des Verhaltens tragen aber zur Diagnostik bei.

Beobachten kann man zum Beispiel, was einer sagt und wie er spricht. Beobachten kann man Mimik, Gestik und Körperhaltung und jedes Handeln des Beobachteten, zum Beispiel, auf welchen Stuhl er sich setzt.

Schizoide Menschen vermeiden small talk. Sie wollen, daß es um Wesentliches und Tiefes geht. Das ist beim Zwanghaften anders, der small talk scheut, weil er dabei unversehens etwas von sich erkennen lassen könnte, das er zurückhalten will - small talk ähnelt ja der freien Assoziation. Für den Schizoiden ist small talk überflüssig und läppisch. Er übersieht dabei die Notwendigkeit des anderen, erst mit ihm vertraut zu werden, ehe er vielleicht über tiefere Dinge sprechen mag. Small talk ist ja ein Mittel zum Vertrautwerden.

Einem Gesprächspartner gegenüber, mit dem sie innere Ähnlichkeiten spüren oder phantasieren, öffnen Schizoide sich nicht selten in einer Weise, die ihn erschreckt - es sei denn, der ist auch ein Schizoider und spürt oder phantasiert seinerseits eine große "Seelenverwandtschaft". Die Schizoiden brauchen eine "gleiche Wellenlänge". Wenn sie annehmen, daß sie beim Gesprächspartner nicht vorhanden ist, sitzen sie oft stumm und verschlossen da, was für sie und den Partner quälend sein kann. Manche Schizoide verschließen sich auch, weil sie mit ihrer Tendenz, sehr offen zu sein, schlechte Sozialerfahrungen gemacht haben, oder weil sie fürchten, der andere könnte bei offener Kommunikation in ähnlicher invasiver Weise in sie eindringen, wie sie selbst das tun möchten.

Viele Schizoide haben eine Art Röntgenblick: Sie nehmen intuitiv wahr, was unter der Oberfläche von Menschen liegt, und gehen mit dem anderen so um, als befände sich das Verborgene an der Oberfläche. So können sie auf Aggression reagieren, die dem Gesprächspartner nicht bewußt ist, auch auf unbewußte sexuelle Phantasien. Ein solches Durchstoßen der psychischen Oberfläche wird vom Gesprächspartner als absurd, taktlos oder bedrohlich empfunden.

Bei *narzißtisch* strukturierten Menschen kann man beobachten, wie sie Ausschau halten, ob man sie wahrnimmt, ob man sie bewundert, welche Effekte sie bei anderen hervorrufen. In einem Gespräch machen sie den oder die Gesprächspartner zu stummen Zuhörern; an anderen Reaktionen als an nonverbal bestätigenden sind sie wenig interessiert. Man soll sie in ihrer Totalität bewundern "und fertig". Den narzißtisch Strukturierten kränkt es, wenn einer nicht zuhört.

Bei den Zuhörern erzeugen narzißtisch Strukturierte oft eine angestrengte Langeweile. Das hilft, das narzißtische Redeverhalten vom Ärger erzeugenden zwanghaften zu unterscheiden.

Depressive überfüttern durch Sprechen, oder sie hören gleichsam saugend zu. Im Gespräch kommen sie oft schwer in Gang, was mit ihrem Initiativemangel zusammenhängt; sind sie aber einmal in Fahrt, kann man sie schwer bremsen. Sie haben Angst, nicht wieder in Gang zu kommen oder Angst, die Verbindung zum anderen zu verlieren, wenn sie aufhören zu sprechen. Depressive nehmen, obwohl sie sich selbst als bescheiden erleben, im Gespräch oft viel Raum ein. Beteiligt man sie nicht an einem Gespräch unter mehreren, wirken sie vorwurfsvoll oder resigniert, oder sie signalisieren durch depressiven Gesichtsausdruck, in sich zusammengesunkene Körperhaltung und schweres Atmen, daß es ihnen nicht gut geht.

Manchmal ersetzen sie den Raum, den sie im Gespräch nicht einnehmen, durch nonverbal raumforderndes Verhalten: sie breiten Kleidungsstücke oder Tascheninhalt auf dem Tisch aus.

Zwanghafte stört es aus anderen Gründen, wenn einer nicht zuzuhören scheint. Der Unaufmerksame signalisiert, daß er sich der Kontrolle durch den Zwanghaften entzieht. Das ruft beim Zwanghaften Angst oder Ärger hervor. Das zwanghafte Redeverhalten will nicht Bewunderung erzeugen, sondern Kontrolle über Zuhörer ausüben. Sie sollen sich durch den Zwanghaften beeinflussen lassen, selber aber keinen Einfluß nehmen. Bei den Zuhörenden erzeugt das Ärger.

Bei dominierenden Zwanghaften drückt sich das Bedürfnis nach Kontrolle des eigenen Verhaltens oft in einer gewissen Rigidität der Körperhaltung aus, die bei gefügigen Zwanghaften fehlt. Diese dominieren indirekt, zum Beispiel, indem sie betont langsam und umständlich sprechen und noch umständlicher werden, wenn man sie bittet, zur Sache zu kommen. Oder indem sie ihrerseits nicht zuhören.

Dem *Phobiker* hört man gern zu. Unruhig wird sein Gesprächspartner erst, wenn er bemerkt, daß er nicht dazwischenkommen kann, zum Beispiel während er eine Anamnese aufnimmt. Der Phobiker hält seinen Gesprächspartner durch die Art seines Sprechens gleichzeitig fest und auf Distanz. Das entspricht seiner Ambivalenz gegenüber einem möglichen steuernden Objekt. Hat er den Gesprächspartner als gutes steuerndes Objekt akzeptiert, zögert der Phobiker beim Sprechen; er macht Pausen, die einem Gelegenheit geben sollen, zu signalisieren, ob er auf dem richtigen Weg ist. Manchmal erzeugt er im Zuhörer den Impuls, seine unvollendeten Sätze zuende zu sprechen. In Gruppen können phobisch Strukturierte auch lange Zeit schweigen. Sie fürchten dann meist, etwas zu sagen, was als unpassend empfunden werden könnte.

Phobische Erwachsene, die als Kinder nicht unterfordert, sondern überfordert wurden, reagieren auf die Erwartungen eines Gesprächspartners mit ängstlicher Resignation. Sie bleiben im Gespräch oft stumm, vor allem dann, wenn es sich um Gespräche unter mehreren handelt, so daß sie nicht unbedingt "dran" sind, zu sprechen. Wenn man ihnen ins Gespräch einhelfen will, können sie das oft nicht annehmen. Die Hilfe eines äußeren steuernden Objekts können sie schwer akzeptieren, weil das steuernde Objekt ihrer Kindheit zugleich ein überforderndes war.

Wird eine phobische Struktur kontraphobisch verarbeitet, gibt sich der Betreffende unabhängig und stark. Er ähnelt in seinem Verhalten dann manchmal einem phallisch strukturierten Mann. Das gilt auch für Frauen mit einer kontraphobischen Struktur.

Ein *hysterisches* Redeverhalten zeigt Effekte, die den Sprechenden oder die Sprechende als möglichen Partner oder als mögliche Partnerin attraktiv machen sollen. Dazu gehören Charme, erotische Signale, männliches Imponiergehabe. Dieses Verhalten erfüllt oft den angestrebten Zweck: man hört gern zu, macht sich vielleicht Hoffnungen, im Ernst als Partner oder Partnerin ausersehen zu sein. Hat man diesen Wunsch nicht, fühlt man sich eher manipuliert und irritiert. Hysterische Männer und Frauen rivalisieren intensiv, offen oder versteckt, oder aber gar nicht. Manche beginnen überall, wo sie hinkommen, gleich einen

Kampf mit dem stärksten Mann oder der stärksten Frau oder versuchen, sich mit ihm oder ihr zu verbünden.

Konsultieren sie einen Therapeuten, setzen sie sich oft auf dessen Stuhl, auch wenn der Stuhl eindeutig als seiner erkennbar ist, und sind meist überrascht, wenn man sie darauf aufmerksam macht.

Nicht jede Frau, die Erotisches ausdrückt, ohne es zu merken, ist in jeder Situation sexuell blockiert (KÖNIG und KREISCHE 1991). So kann eine Frau dem Therapeuten gegenüber unbewußte sexuelle Wünschen haben, die wegen ihrer inzestuösen Konnotationen - oder weil sie die Beziehung zum Partner gefährden könnten - abgewehrt sind. Nonverbal werden sie dennoch signalisiert. Die gleiche Frau kann dem eigenen Partner gegenüber durchaus sexuelle Wünsche empfinden und sexuelle Phantasien - wie auch ihre Umsetzung in sexuelles Handeln - schuldfrei genießen.

Eine andere Möglichkeit ist, daß die hysterische Frau zwei sexuelle Signalsysteme hat. Eines setzt sie bei Partnern außerhalb des Inzestbereiches ein, ein anderes hat sie im Umgang mit dem Vater erlernt, der Spaß an einem quasi-erotischen Verhalten seiner Tochter hatte, die sich "schon verhielt wie eine kleine Frau", ohne selbst sexuelle Gefühle im erwachsen-genitalen Sinne zu empfinden und ohne im Vater sexuelle Phantasien hervorzurufen. So ein Verhalten hat das Kind dann erwachsenen Frauen abgeguckt. Wird es in der Beziehung zum Vater eingesetzt und hat es Erfolg, kann es, durch den Erfolg verstärkt, als eine Verhaltensmöglichkeit etabliert werden, die ins Erwachsenenleben mit hinübergenommen wird. Man erkennt ein solches Verhalten meist an kindlich-naiven Beimischungen, die im Umgang mit Männern außerhalb des phantasierten Inzestbereichs fehlen. Allgemein gilt, daß ein erotisches Signalverhalten umso ausgeprägter ist, je weniger es sich auf bewußte sexuelle Wünsche und Phantasien bezieht. Sexuelle Wünsche und Phantasien, die voll erlebt werden, führen meist zu einem zurückhaltenden, nur angedeuteten Signalverhalten, das dennoch wirksam ist.

Mit Beginn der Adoleszenz, wenn sexuelle Phantasien, die sich den Erwachsenenphantasien langsam annähern, durch den Hormonschub aktiviert werden, wird auch das Inzesttabu aktiviert, wenn sich die Phantasien auf ein Elternteil richten. Ein flirtendes Verhalten kann dann wieder verschwinden. Die Mädchen werden dem Vater gegenüber scheu und zurückhaltend, die Jungen akzeptieren Zärtlichkeiten der Mutter nicht mehr. Der Vater verhält sich gegenüber dem Mädchen, das eine Frau zu werden beginnt, nicht mehr so unbekümmert, wie er es vorher glaubte tun zu dürfen. Da sexuelle Handlungen zwischen Müttern und Söhnen, so viel man weiß, selten sind, für die meisten Mütter einfach "nicht in Frage kommen", was mit der stärkeren Tabuisierung des Mutter-Sohn-Inzests zusammenhängen könnte, sind Mütter ihren Söhnen gegenüber meist unbekümmerter und dann eher gekränkt, wenn der Sohn Zärtlichkeiten zurückweist.

Von der rigiden Körperhaltung eines Zwanghaften ist die körperliche Rigidität phallischer Männer und Frauen zu unterscheiden, die ihren eigenen Körper unbewußt als erigierten Phallus phantasieren (LEWIN 1933). Sonst sind Menschen mit einer hysterischen Struktur eher lebhaft und beweglich; sie können aber auch "cool" wirken, wenn sie meinen, daß es von ihnen erwartet wird.

Die gesellschaftliche Bewertung der Strukturen

RIEMANN (1976) faßte die vier Persönlichkeitsstrukturen *schizoid, depressiv, zwanghaft* und *hysterisch* als gleichberechtigte Lebensmöglichkeiten auf. Damit hat er viel dafür getan, daß die genannten Persönlichkeitsstrukturen, außer in ihren extremen Ausprägungen, als normale Erlebens- und Verhaltensdispositionen gesehen werden können.

Im Fall der *hysterischen* Struktur wurde das eine Zeitlang überdehnt. Dieser Strukturbegriff wurde in der Bedeutung "nicht zwanghaft" verwendet. Als ich 1968 meine psychoanalytische Weiterbildung anfing, wurde keine Struktur so hoch geschätzt wie die hysterische. Hysterisch sein bedeutete, nicht rigide, sondern flexibel, nicht kontrolliert, sondern spontan, ideenreich und nicht gedankensteril, kreativ und nicht nachahmend zu sein. Die hysterische Struktur wurde als die reifste angesehen. Tatsächlich entsteht sie auch am spätesten. Im alltäglichen Sprachgebrauch der Therapeuten beinhaltete sie beinahe das, was man sonst in der Psychoanalyse als genitale Struktur bezeichnet, die als das - fiktive - Therapieziel einer Charakteranalyse angesehen wird. Die anderen Strukturen galten als weniger reif und, wenn man so will, als minderwertig. Eine solche Interpretation der Strukturen RIEMANNS liefe natürlich seinen Absichten zuwider. RIEMANN stellte in seinem Buch *Grundformen der Angst* die Vorzüge *und* die Nachteile einer *jeden* Struktur heraus. Jede Struktur hat auch Nachteile. Andererseits braucht unsere komplexe Gesellschaft auch unterschiedliche Menschen mit unterschiedlichen Interessen; die Interessen hängen eben nicht von den Intelligenzfunktionen allein ab. Sie sind auch durch die Charakterstruktur bedingt.

Was bei der hysterischen Struktur zu wenig beachtet wurde, sind ihre Nachteile: eine Spontaneität, die sich eigene Grenzen nicht setzen kann und das anderen überläßt, eine Flexibilität, die wenig zum Durchhalten disponiert, ein Ideenreichtum, der die Ausführung unterläßt, so daß die Ideen nicht auf ihre Realisierbarkeit geprüft werden, eine Kreativität, die oft nichts Brauchbares, sondern Seifenblasen erzeugt, ein Zeigen von Gefühlen, die in dieser Intensität gar nicht empfunden werden, wodurch es zu falschen Erwartungen bei Menschen kommt, denen diese Gefühle zu gelten scheinen. Auch bei echter initialer Begeisterung verlieren Hysteriker rasch ihr Interesse in Beziehungen und bei der Arbeit. In RIEMANNs Beschreibung der hysterischen Struktur finden sich auch Merkmale, die man heute der narzißtischen Struktur zuordnen würde.

Zum Teil erkläre ich mir die Überbewertung der hysterischen Struktur aus der vorangegangenen Überbewertung der im Nazideutschland als besonders positiv bewerteten zwanghaften Charaktereigenschaften: Standhaftigkeit, Verläßlichkeit, Durchhaltevermögen, Selbstbeherrschung und Gehorsam gegenüber Vorgesetzten. Der autoritäre Charakter, wie ihn ADORNO (1969) beschrieb, hat mit dem zwanghaften viel gemein.

Ähnliches passierte damals mit dem Begriff *phallisch*. Ein phallisches Erleben und Verhalten geht auf reale oder phantasierte Mängel im Bereich der eigenen Geschlechtseigenschaften zurück. Es hat überkompensierende Aspekte. Eine phallische Frau verhält sich nicht autochthon kräftig, sie verhält sich phallisch, also pseudomännlich, weil sie darunter leidet, keinen Phallus zu haben. Das ist kein Zeichen psychischer Gesundheit, es wäre wünschenswerter, daß eine Frau auf ihre eigenen Geschlechtseigenschaften stolz ist. Eine Frau kann auch als Frau kraftvoll sein, sie muß sich nicht nach dem Modell von Männern richten. Viele Frauen aus der emanzipatorischen Frauenbewegung haben das auch längst erkannt. Sie wollen dem Weiblichen Geltung verschaffen und legen den Männern nahe, zu überlegen, was von den allgemein als weiblich angesehenen Eigenschaften ihnen auch gut anstehen könnte, statt sich, wie manche ihrer Vorgängerinnen, den Männern ähnlicher machen zu wollen. Kraft wird nicht mehr mit Männlichkeit gleichgesetzt.

Auch ein phallischer Mann hat Zweifel an seiner Männlichkeit, die er oft durch ein überkompensierendes, sogenanntes Macho-Verhalten überdeckt. Solche Männer lehnen oft Eigenschaften ab, die sie als weiblich oder weibisch ansehen, auch wenn es sich um allgemein *menschliche* Eigenschaften handelt, die man nicht einfach als Makel - oder Privileg - des weiblichen Geschlechts auffassen kann.

Die zwanghafte Struktur wurde nach dem Krieg, wie erwähnt, wenig geschätzt. Daß es heute weniger Zwangsstrukturen zu geben scheint als noch vor zwanzig oder dreißig Jahren, hängt sicher mit den Verschiebungen in den Sozialisationsschwerpunkten zusammen, die sich aus der Ablehnung des Zwanghaften ergaben. Jetzt scheinen Eigenschaften der Zwangsstruktur wieder höher geschätzt zu werden, das Pendel schlägt in der anderen Richtung aus. Wenn ich die Metapher "Pendel" benutze, sage ich damit, daß es sich um eine Gegenreaktion auf Übertreibungen in die andere Richtung hin handeln kann. Das ist aber sicher nicht die einzige Ursache. Wahrscheinlich ist ein ganzes Faktorenbündel oder ein Gefüge sich gegenseitig beeinflussender Faktoren beteiligt. Die Wandlungen in der Bewertung beschränken sich auch nicht nur auf Deutschland; man beobachtet Ähnliches zum Beispiel in den USA.

Die hohe Bewertung einer mäßig ausgeprägten *depressiven* Struktur findet sich wohl auch in allen westlichen Ländern; sie ist über die Zeit relativ konstant geblieben. Depressive wirken altruistisch. Den meisten Menschen ist es ja angenehm, wenn jemand sie mehr liebt als sich selbst; außerdem entspricht ein mäßig depressives Verhalten weitgehend den Lehren der christlich-jüdischen Religionen; auch Arbeitgeber haben es gerne, wenn die Angestellten für sich selbst nicht zu viel fordern.

Eine mäßig ausgeprägte *phobische* Struktur macht ebenfalls beliebt. Phobisch strukturierte Mitarbeiter lassen sich gut leiten, wenn sie den Chef als steuerndes Objekt akzeptieren. In leitenden Stellungen wird es problematischer. Phobisch Strukturierte sind oft konfliktscheu, wenn sie auf Menschen als steuernde Objekte angewiesen sind. Wenn der Chef vermeidet, mit seinen Mitarbeitern in Konflikt zu geraten, brechen Konflikte oft unter den Mitarbeitern aus. Die Zunahme der Teamarbeit und die Tatsache, daß heute kaum einer mehr sein Arbeitsgebiet ganz übersehen kann, so daß jeder Chef seine Mitarbeiter um Rat fragen muß oder sollte, erleichtern es einem Chef, seinen Mitarbeitern steuernde Aufgaben zu delegieren. Das entspricht dann einem "demokratischen Führungsstil". Es passiert aber auch, daß ein phobischer Chef Entscheidungen zu lange vor sich herschiebt, nicht, weil der Entscheidungsprozeß selbst gestört ist, wie beim Zwanghaften, sondern weil die Konsequenzen einer Entscheidung, die sich als unzweckmäßig erweisen könnte, gefürchtet werden. Dann wird er als Chef nicht mehr so gut bewertet.

Phobisch strukturierte Chefs neigen meist wenig dazu, neue Arbeitsfelder zu besiedeln. Sie begrenzen sich auf die in ihrer Institution vorhandenen. Wenn man Oberflächenbesiedler und Tiefenbohrer unterscheiden will, gehören sie zu den Tiefenbohrern. Sie beackern das Areal, in das sie hineingestellt sind, und bohren dort, weil ihnen ein Arbeiten in tieferen Schichten des eigenen Areals weniger gefährlich erscheint als die Besiedlung neuer.

Da der *Schizoide* sich um Einzelheiten wenig kümmert - er abstrahiert von ihnen oder er nimmt sie gar nicht wahr - und auch deshalb große Zusammenhänge leichter sieht als andere, leichter besonders als an konkreten Details hängenbleibende zwanghafte Menschen, ist er oder sie der Mann oder die Frau der großen Entwürfe. Solche Entwürfe braucht eine Gesellschaft. Andere übernehmen sie vielleicht und schlagen sich dann mit der Realisierung herum. Aber nur, wenn sich die schizoide Struktur mit besonderen intellektuellen Gaben paart, kommen solche Entwürfe zustande. Wenn nicht, sind die Vorstellungen Schizoider oft abstrus und nicht weiterführend. In einem Leitungsteam neigen Schizoide zu radikalen, unpraktikablen Lösungsvorschlägen für die täglichen Probleme, die bald nicht mehr ernst genommen werden; manchmal bringen sie aber auch originelle Ideen, die sofort einleuchten.

In untergeordneten Positionen behalten Schizoide ihre Vorstellungen oft für sich, weil sie mit ihnen doch nichts bewirken könnten. Das vermindert aber ihr Interesse an der Arbeit; eigentlich wissen sie doch, wie es ganz anders und viel besser gemacht werden könnte, nur: man läßt sie ja nicht. Schizoide gelten dann oft als harmlose Träumer; man lächelt über sie. Der Schizoide lächelt dann innerlich, gehört er doch in eine andere, bessere Welt - "wenn die nur wüßten!".

Hat ein Schizoider aber die Macht, seine Vorstellungen durchzusetzen, schadet er oft Menschen durch die Radikalität seiner Auffassungen. Darauf wird in den Kapiteln *Schizoide Strukturen in Institutionen* und *Zum Umgang mit Utopien* eingegangen.

Auch die Bewertung eines *narzißtisch* strukturierten Menschen hängt sehr von seinen Talenten ab. Bringt ein narzißtisch Strukturierter sehr gute Leistungen in seinem Fachgebiet, sieht man es ihm nach, daß er an Menschen wenig persönliches Interesse hat; er lebt eben seinem Werk. Das gilt besonders für Menschen, die allein arbeiten oder den anderen eindeutig übergeordnet sind, wie musikalische Solisten - Klavierspieler, Sänger und so weiter -, aber auch Wettkampfsportler, von denen nur ein gewisses Maß an Fairneß verlangt wird; anders ist es schon bei den Angehörigen eines Fußballteams, in dem der Erfolg auch davon abhängt, wie die persönlichen Beziehungen der Spieler zueinander beschaffen sind. Vielen narzißtisch Strukturierten gelingt es, ihre geringe Bewertung der anderen zu verbergen. Gerade weil sie an Menschen persönlich wenig Interesse aufbringen, fällt es ihnen leichter als anderen, Menschen zu manipulieren und sie dann auch manipulativ für sich einzunehmen. So können sie als Leiter eines Teams akzeptiert sein. Da sie auch Menschen außerhalb des Teams gut manipulieren können, hat ein von einem narzißtisch strukturierten Menschen geleitetes Team oft auch in der Konkurrenz Erfolg, zum Beispiel wenn es um das Beschaffen von Forschungsmitteln geht. Der Mangel an persönlicher Wärme in den Beziehungen zum Chef wird in Kauf genommen und damit rationalisiert, daß er eben für seine Arbeit lebt. In Wahrheit lebt er allerdings für sich, und seine Arbeit ist Teil von ihm; "Teil" von ihm sind auch seine Mitarbeiter. Daß er Mißerfolge schwer verkraftet, wird oft erleichtert zur Kenntnis genommen: Er ist eben auch nur ein Mensch.

Das wird auch von den Medien so interpretiert, etwa wenn ein berühmter Tennisspieler in seinen Leistungen stark davon abhängig ist, ob er in letzter Zeit Erfolg hatte oder nicht. Menschliche Schwächen, die er nicht verbergen kann, machen ihn als Identifikationsfigur geeigneter.

Der narzißtisch Strukturierte ist in untergeordneten Stellungen oft unglücklich. In einer leitenden Position hat er meist mehrere Leute, die ihn anerkennen oder auch bewundern. Deshalb ist er von der Anerkennung keiner einzelnen Person abhängig. In einer untergeordneten Position bleibt er ständig auf der Suche nach narzißtischer Zufuhr, was den anderen auf die Nerven gehen kann; manchmal finden sie es auch nur komisch. Wird ihm Anerkennung nicht von seinen Arbeitskollegen gegeben, muß er sie innerlich noch mehr abwerten als ohnehin, was dann oft auch äußerlich zum Ausdruck kommt. Das hat zur Folge, daß er wiederum abgelehnt wird und isoliert ist.

Vollbringen sein Chef und mit ihm das Team große Leistungen, kann er sich in eine Position begeben, die der einer "Mondfrau" gleicht: er bewundert seinen Chef, identifiziert sich mit ihm und bekommt von dem Glanz etwas ab, der auf das Team fällt. Dann wird er auch im zwischenmenschlichen Umgang erträglicher.

Zusammenfassend kann man sagen, daß ein Mensch mit einer narzißtischen Struktur um so besser bewertet wird, je mehr es ihm gelingt, Leistungen zu erbringen, die seinen narzißtischen Größenphantasien nahekommen.

Zum Umgang mit Utopien

Mehr als andere lebt der *Schizoide* mit Utopien. Schizoide suchen in Utopien das Absolute. Für deren Verwirklichung können sie sich kompromißlos einsetzen. Auch ein großes Scheitern kann sie befriedigen, unter Umständen mehr als ein "fauler" Kompromiß. Der Schizoide muß nicht Autor der Utopie sein, für die er sich einsetzt; er interessiert sich mehr für den Wahrheitsgehalt einer Utopie als dafür, wer sie sich ausgedacht hat. Generell neigt er dazu, die Realisierbarkeit von Utopien zu überschätzen. Für die zu ihrer Realisierung nötigen Details interessiert er sich wenig. Manche Schizoide verfallen später in Skepsis, die sie davor bewahren soll, auf Utopien hereinzufallen - vor allem dann, wenn sie sich in ihrer Jugend einer Utopie verschrieben haben, die nicht realisiert wurde.

Der *narzißtisch Strukturierte* schließt sich den Trägern von Utopien nicht gerne an, weil er eigene Vorstellungen verwirklichen möchte. Wenn er eine Utopie dennoch übernimmt, muß er sie verändern, um ihr gleichsam seinen Namen aufzudrücken. Zu Kompromissen ist er aber fähig; vorausgesetzt, sie bringen ihm ein Erfolgserlebnis. So haben seine Versuche, Utopien wenigstens teilweise zu verwirklichen, mehr Aussichten auf Erfolg als beim Schizoiden, der sich nicht auf Kompromisse einläßt. Dabei hilft es ihm, daß er den eigenen Anteil vergrößern kann, indem er die Autorschaft anderer "vergißt".

Der *Depressive* interessiert sich für Utopien, die versprechen, andere Menschen zu beglücken. Das können auch die Menschen künftiger Generationen sein, am besten aber Menschen, die er kennt. Von den realen Umsetzungen einer Utopie ist er meist enttäuscht, weil er von jeder Realität enttäuscht wird. Das Glück ist für ihn immer woanders. Er hofft, irgendwo müsse es eine Welt geben, die Aufforderungscharakter für ihn hat. Zum Beispiel kann er von einer Kolonie guter Menschen in der Südsee träumen, wo alle Arbeit leicht fällt und wo man alles wirklich genießen kann: ein Schlaraffenland, wo alles schmeckt und man sich nie den Magen verdirbt. Dort könnte er, so meint er, dann auch zufrieden leben.

Der *Zwanghafte* neigt wenig dazu, sich für Utopien einzusetzen, weil er fürchtet, daß ihre Verwirklichung ein Chaos erzeugen könnte. Er hält sich lieber an das Bewährte, auch wenn es Mängel hat, sofern es ihm gelingt, mit diesen Mängeln kontrollierend umzugehen. In seinen Utopien muß es gerecht zugehen, zum Beispiel: "Wer nicht arbeitet, soll auch nicht essen". Hat er schizoide Strukturanteile, die das Interesse an Utopien bei ihm wecken, versucht er, wenn er die Macht dazu hat, die Utopien anderen Menschen überzustülpen. Menschen, die seinen Idealvorstellungen nicht genügen, versucht er zu entmachten; hat er auch schizoide Strukturanteile, so versucht er , sie zu vernichten. ROBESPIERRE dürfte so eine Struktur gehabt haben.

Der *phobisch Strukturierte* übernimmt eine Utopie, wenn sie von Leuten oder in einer Gruppierung von Leuten vertreten wird, die ihm als steuernde Objekte dienen. Er hängt sich an und versucht, sein Verhalten nach ihnen auszurichten. Hat er seine phobischen Strukturanteile kontraphobisch verarbeitet, wird er Utopien bevorzugen, die zu vertreten Mut verlangt, wobei es ihm auf den Inhalt dann weniger ankommt.

Der nicht kontraphobische Phobiker bevorzugt Utopien, in denen Menschen, die sonst wegen ihrer Triebwünsche miteinander in Konflikt geraten könnten, konfliktfrei miteinander leben, ungefähr wie Raubtiere und Pflanzenfresser zusammen im Paradies. Auch eine Utopie, die verspricht, daß Menschen ihre Sexualität unter freundlicher Bewachung ohne Konflikte leben, zieht ihn an, zum Beispiel die Utopie der Bhagwanschen Sekte.

Welcher Utopie ein *hysterisch Strukturierter* zuneigt, hängt sehr von deren Exponenten ab. Mehr als von Theorien wird er oder sie von Personen angezogen. Manche hysterisch Strukturierte wechseln ihre Utopien mehrmals, weil immer neue Menschen sie für immer neue Utopien gewinnen. Wie eine Utopie zu realisieren sei, interessiert den hysterisch Strukturierten weniger. Es genügt ihm, wenn er sich für eine Utopie begeistern kann. Sie wird schon zustandekommen, wenn er sich das ganz fest wünscht.

Die meisten Ideologien haben einen utopischen Kern. Deshalb ist vieles, was über Utopien gesagt wurde, auch auf Ideologien und den Umgang mit ihnen anwendbar.

Arbeitsverhalten

Allgemeines zum Arbeiten

Die Einstellungen zur Arbeit variieren enorm. Das gilt für die Motivation zur Arbeit, die Bewertung von Arbeit gegenüber der Freizeit und der Familie, die Erwartungen an die eigene und die fremde Arbeitsproduktivität. Sie hängen auch von der sozialen Schicht ab. Wer eine differenzierte Arbeit verrichtet, die Freiräume für eigene Kreativität läßt, wie das bei vielen Berufen der Mittelschicht der Fall ist, wird Arbeit anders bewerten und anders in sein Leben einordnen als ein Angehöriger der Unterschicht, der vor allem darauf stolz ist, die Unannehmlichkeiten von Arbeit auszuhalten, worin er übrigens mit dem depressiven Mittelschichtangehörigen übereinstimmt.

Angehörige der Oberschicht werden Arbeit als Dienst an anderen ansehen, zu dem sie verpflichtet sind, worin sie sich mit depressiven Mittelschichtangehörigen treffen. Den Angehörigen der Unterschicht, den depressiven Angehörigen der Mittelschicht und den Angehörigen der Oberschicht ist gemeinsam, daß Arbeit ihnen oft nicht viel Spaß macht; sie bringt ihnen allenfalls Dankbarkeit und narzißtische Zufuhr. Der Angehörige der Unterschicht hat oft keine Arbeit, die in sich interessant und befriedigend wäre, der depressive Angehörige der Mittelschicht hat keinen Spaß an der Arbeit wegen seiner depressiven Struktur, und der Angehörige der Oberschicht befindet sich oft in einem Konflikt zwischen zwei Möglichkeiten: arbeiten oder nicht arbeiten; häufig hat er ja die Möglichkeit, auch ohne Arbeit zu leben.

Wie Hausarbeit und Berufstätigkeit außer Haus bewertet werden, ist ebenfalls schichtabhängig. Akademikerinnen finden meist ihre Berufstätigkeit anziehender, Frauen aus der Unterschicht oft die Arbeit als Hausfrau und Mutter. Sie ist differenzierter als das, was sie etwa am Fließband tun könnten. Dennoch zieht es auch Unterschichtfrauen mit Kindern in das Berufsleben außer Haus zurück; sie vermissen den Umgang mit den Arbeitskolleginnen und die Anerkennung der Arbeit durch den Betrieb; vor allem in Zeiten von Arbeitskräftemangel bietet der Betrieb mehr Anerkennung und bemüht sich vielleicht mehr um sie als der Ehemann. Besteht Arbeitslosigkeit, ist oft auch der Mann betroffen und deshalb unzufrieden und unglücklich, was den Aufenthalt zu Hause nicht attraktiver macht; er gibt dann auch wenig Anerkennung, sondern nörgelt eher herum. Menschen mit einem gut funktionierenden narzißtischen Regulationssystem schaffen sich Reserven an Anerkennung; sie können Anerkennung, die sie erfahren haben, eine Zeitlang in sich bewahren, aber irgendwann einmal sind die Vorräte zu Ende. FREUD hatte, als noch niemand sonst seine Arbeit schätzte, zumindest Anerkennung durch FLIEß, vielleicht auch durch seine Schwägerin.

Arbeit kann Spaß machen, weil sie Funktionslust erzeugt - auch wieder etwas, das der Depressive kaum kennt -, weil man die Anerkennung antizipiert, die mit ihr verbunden ist, weil man hofft und erwartet, besser zu sein als andere oder zumindest ebensogut, so daß man dazugehört und akzeptiert wird. Arbeit bringt nicht zuletzt Geld, für das man sich etwas kaufen kann und das wieder Geltung verschafft. Funktionslust und das Ansehen, das ein Beruf in der Gesellschaft genießt, können ein geringes Einkommen ausgleichen.

Es gibt Berufe, die Neugier befriedigen, etwa der des Forschers, des Journalisten oder des Detektivs; auch ein Arzt ist neugierig, welche Diagnose bei einem schwierigen Fall herauskommen wird. Andere Berufe befriedigen ein Bedürfnis nach Kampf und Abenteuer; manche risikoreichen kaufmännischen Berufe gehören dazu. Viele Berufe verschaffen Macht und Einfluß. Manche Berufe ermöglichen es, sich als Teil eines großen und edlen Ganzen zu sehen; manche Theologen und viele Wissenschaftler, für die ihre "scientific community" eine religiöse Färbung annimmt, scheinen diese Motivation zu haben.

Ein Beruf kann Anerkennung der Geschlechtseigenschaften bringen, ohne die Gefahr, sich im Sexuellen bewähren zu müssen, oder er kann Gelegenheit zu sexuellen Kontakten bieten. Im Zusammenhang mit Arbeit unterscheidet man Primär- und Sekundärmotivation. Eine primäre Motivation ist Spaß an der Arbeit und ihren Ergebnissen; sekundär motivieren Wünsche, Geld zu verdienen, Geltung, Macht oder Sicherheit zu erlangen oder anläßlich der Arbeit mit Menschen in Kontakt zu kommen.

Narzißtisches Arbeitsverhalten

Ein *narzißtisches Arbeitsverhalten* ist durch Instrumentalisierung derer gekennzeichnet, mit denen ein narzißtisch strukturierter Mensch zusammenarbeitet. Darauf wird in dem Kapitel *Charakterstrukturen in Institutionen* noch näher eingegangen.

Da alle Objekte entwertet werden, auch die, mit denen der narzißtisch Strukturierte nicht persönlich zusammentrifft, holen narzißtisch strukturierte Ärzte und Therapeuten Vorbefunde nicht ein, die von anderen erhoben wurden. Das kann natürlich auch aus schizoider oder phobischer Kontaktscheu oder aus einer depressiven Scheu, um etwas zu bitten, unterlassen werden, besonders wenn es dabei um Gespräche geht, bei denen eine persönliche Beziehung aufgenommen wird.

Der narzißtisch strukturierte Behandler schreibt aber auch nicht gern Berichte, zum Beispiel Arztbriefe, weil es ihm nicht so wichtig ist, was andere mit dem Patienten machen werden. Das kann im Vergleich zu dem, was er selbst getan hat, ohnehin nur unbedeutend sein. Hier kommen natürlich noch andere Gründe in Frage: eine zwanghaft-perfektionistische, depressive oder phobische Arbeitsstörung beim Schreiben, ein depressives Sich-Verausgaben in der unmittelbaren Versorgung, so daß die Briefe immer wieder aufgeschoben werden, ein zwanghafter oder hysterischer Protest gegen die Anforderung, Briefe zu einem bestimmten Termin fertigstellen zu müssen, auch ein hysterisches Sich-nicht-festlegen-Wollen.

Die Arbeitsmotivation des narzißtisch strukturierten Menschen ist stark erfolgsabhängig. Zwar gibt es narzißtisch Strukturierte, die von sich so überzeugt sind und die Objekte so stark abwerten, daß sie sich durch die Kritik anderer nicht beeindrukken lassen, so daß die Frage, ob andere ihre Arbeit gut finden, für sie wenig relevant ist; es kommt ihnen vor allem darauf an, daß sie selbst mit dem, was sie tun, einverstanden sind. Die fehlende Anerkennung in der Gegenwart ersetzen sie durch Phantasien über den künftigen großen Erfolg. Die meisten sind aber auf Bewunderung angewiesen, die sie dann oft unauffällig wegstecken, damit nicht deutlich wird, wie sehr sie Bewunderung brauchen. Schlimmer als das Ausbleiben solcher Bewunderung ist es aber für sie, wenn sie ihren eigenen Standards, die ihnen wichtiger sind als die Standards anderer, nicht genügen. Dann kann es passieren, daß sie ein Arbeitsgerät zerstören oder etwa ein Manuskript, an dem sie jahrelang gearbeitet haben, oder daß sie die narzißtische Wut, die bei einer Konfrontation ihrer Größenphantasien mit der Realität entsteht, gegen sich selbst richten, was im Extremfall zum Suizid führen kann. Überhaupt sind narzißtisch strukturierte Menschen durch Selbsthaß gefährdeter als durch Aggressionen anderer; die anderen erscheinen ihnen nicht so wichtig. Wenn die kritisieren, statt zu bewundern, verstehen sie eben nichts von der Sache.

Es gibt aber narzißtische Menschen, die bestimmte Personen zum Vorbild nehmen und auf sie ihr Größenselbst projizieren. Sie möchten so werden wie diese. Erreicht der narzißtisch Strukturierte dann deren Niveau, werden die idealisierten Personen oft abgewertet; neue Vorbilder werden gesucht. Vorher kann sich die Kritik solcher idealisierter Menschen für den narzißtisch Strukturierten aber destruktiv auswirken, auch wenn sie konstruktiv gemeint war.

Viele narzißtische Menschen setzen ihre eigenen Standards, die sie gelegentlich auch auf idealisierte Personen projizieren, so hoch an, daß sie nicht erreichbar sind. Sie resignieren, zerstören sich in Selbsthaß oder scheitern im Beruf. Manchmal erhält sie die Vorstellung aufrecht, sie würden irgendwann doch noch groß herauskommen, auch wenn die Voraussetzungen dafür längst nicht mehr gegeben sind. Viele narzißtisch Strukturierte sind im Beruf aber wenig erfolgreich - vor allem in Berufen, in denen es darauf ankommt, eine gute Beziehung zu den Mitarbeitern zu haben. Oder sie verbergen ihre Abwertung der Mitarbeiter hinter einer Routine im Umgang mit anderen Menschen, die zu erwerben ihnen deshalb leicht fällt, weil sie persönlich ja nicht wirklich engagiert sind, ähnlich wie hysterisch strukturierte Menschen oft besonders gut flirten können, weil sie dabei kaum erotische Gefühle haben.

Schizoides Arbeitsverhalten

Das zentrale Merkmal der *schizoiden* Struktur ist, wie schon im Kapitel über die Entwicklung der narzißtischen und der schizoiden Struktur dargestellt, eine labile Grenze zwischen dem Selbst und den Objekten. Eine Kommunikation mit Menschen wird ersehnt, und zwar im Sinne des Verschmelzens mit einem Objekt, das so erlebt wie der Schizoide selbst oder das als so gut phantasiert wird, daß er seine eigene Identität in ihm aufgehen lassen möchte. Andererseits wird das Verschmelzen aber auch gefürchtet, weil die eigene Identität dabei verloren ginge.

In der Mitgliederzahl prinzipiell unbegrenzte Gruppen von Personen, die sich einer gemeinsamen Idee verschrieben haben, wie zum Beispiel die Angehörigen einer religiösen Sekte oder einer kleinen politischen Partei mit hohen Zielen (die großen Parteien haben keine ausreichend hohen Ziele, ihr Umgang mit Macht hat sie pragmatisch ausgerichtet), erscheinen dem Schizoiden wegen ihrer prinzipiellen Unbegrenztheit geeigneter als einzelne Personen. Solche Gruppierungen repräsentieren zum Beispiel die künftige Möglichkeit eines irdischen Paradieses, in dem alle ohne Neid und Streit in Harmonie leben. Auch die Gemeinschaft der Wissenschaftler kann eine solche Gruppierung darstellen; vorausgesetzt, sie geben sich der Forschung wie einer Religion hin. Der Wissenschaftsbegriff und die Vorstellung vom Wissenschaftler haben beim Schizoiden etwas Absolutes; er stellt an Menschen, die Wissenschaft betreiben wollen, extrem hohe Anforderungen. Seine eigenen persönlichen Interessen stellt er dabei hintan, aber auch die persönlichen Interessen anderer.

Eine solche Einstellung kann dem Schizoiden selbst zur hohen Belastung werden, gegen die er sich durch eine zur Schau getragene Skepsis oder sogar durch Zynismus wehrt; Skepsis und Zynismus sollen die Kränkungen vermeiden, denen er ausgesetzt ist, wenn er seine Ideale nicht verwirklichen kann. So kann er von Mitarbeitern einmal das Höchste fordern, das andere Mal eine ganz ungenügende Leistung durchgehen lassen, "weil es ja doch egal ist".

Weil er lieber mit seinen Ideen von Realität oder mit Ideen ohne Bezug zur Realität umgeht als mit der Realität selbst, eignet er sich zum Theoretiker; als reiner Mathematiker etwa hat er es nicht mit Realitäten, sondern nur mit gesetzten Prämissen zu tun. Mathematik befriedigt ihn deshalb besonders, jedenfalls wenn er über die entsprechenden Intelligenzfunktionen verfügt.

Im Erlernen einer Fremdsprache sind Schizoide oft gehemmt. Sie mögen nicht lernen, etwas genau so zu machen wie andere. Sie übernehmen die Aussprache oder die Idiomatik nicht - und das auch dann, wenn sie in der eigenen Sprache ein gutes Sprachgefühl haben, das sie eher durch Lesen als durch Zuhören entwickeln. Beim Lesen ist der Autor ja nicht als Person präsent. Allerdings gibt es Schizoide, die auch mit dem Lesen Mühe haben, weil sie fürchten, die Gedanken des Autors könnten sie gleichsam in Besitz nehmen und dann alles Eigene verdrängen.

Drückt sich die Realitätsferne eines schizoid Strukturierten in seinem äußeren Verhalten aus, wird das meist mit gutmütigem Spott bedacht, man erzählt zum Beispiel lächelnd, daß ein bestimmter Professor bei Regen mit dem Schirm überm Arm gesehen worden sei oder daß ein anderer im Wirtshaus Maggi in seinen Wein tat statt in die Suppe.

Die Zerstreutheit des Schizoiden erklärt sich auch daraus, daß er seine Umwelt kaum wahrnimmt, wenn er mit eigenen Gedanken intensiv beschäftigt ist. Auch auf sein Äußeres achtet er oft wenig, was er originell begründen kann. EINSTEIN soll darauf verzichtet haben, Socken anzuziehen, "weil ja sowieso Löcher hineinkommen". In New York wurde er mit einem alten, abgetragenen Mantel gesehen, obwohl er das Geld hatte, einen neuen zu kaufen. Darauf angesprochen, sagte er: "Wieso, hier kennt mich doch keiner." Nach drei Wochen - sein Bild war in vielen Zeitungen erschienen - trug er immer noch den gleichen Mantel. Darauf wieder angesprochen, sagte er: "Wieso, hier kennt mich jetzt doch jeder."

Von Schizoiden geht oft eine Faszination aus, die etwas mit der Intensität ihres Engagements zu tun hat. Besonders junge Menschen werden von Schizoiden angezogen; die Radikalität dieser Struktur trifft sich mit den Absolutheitsansprüchen vieler Adoleszenter.

Wenn es um das Verankern von Hypothesen in der Realität geht, kommen Schizoide an ihre Grenzen. Als Therapeuten werden sie von eigenen Gedankenflügen inspiriert, die ein Patient auslöst. Was ihnen zu einem Patienten einfällt, hat dann oft nicht mehr viel mit ihm zu tun. Mit dem Patienten suchen sie ein mystisches Sich-Verstehen.

Da die Berufe, in denen ein breiter Kontakt mit der Realität nicht erforderlich ist, eher selten sind und meist spezielle Begabungen erfordern, die nicht jeder Schizoide hat, geraten Menschen mit einer schizoiden Struktur beruflich oft ins Abseits. Häufig arbeiten sie dann in Stellungen, die weit unter ihren intellektuellen Gaben liegen. Oft bleiben sie auch partnerlos, oder ihre Partnerschaften gehen rasch wieder auseinander, wenn ihre Phantasien vom Partner von dessen Realität eingeholt werden.

Ohne daß ein Partner auf sie aufpaßt, verkommen sie dann oft in ihrem Äußeren. Das stört sie nicht; sie leben in einer eigenen Welt.

Auf das zentrale Problem des Initiativemangels wurde schon im Abschnitt über die Entwicklung der *depressiven Struktur* hingewiesen. Der Depressive ist durch sein Gewissen und durch seine Ideale gesteuert und durch die Anforderungen, die von Personen ausgehen, mit denen er unmittelbar umgeht. In letzterem ähnelt er dem hysterisch Strukturierten, der auch das tut und sagt, was man von ihm erwartet. Die Motivation ist freilich verschieden; der Depressive will das Objekt und die Liebe des Objekts nicht verlieren, der Hysterische will in seinen Geschlechtseigenschaften anerkannt sein. Der Depressive hilft anderen gern, um ihre Liebe und Dankbarkeit zu gewinnen oder zu erhalten; im Unterschied zum Zwanghaften, der anderen hilft, um Macht über sie ausüben zu können. Da er seine Arbeit an der Anstrengung mißt, die sie ihm bereitet, und nicht an ihren Ergebnissen, überschätzt er oft, was bei seiner Arbeit herauskommt, und erwartet auch deshalb mehr Dankbarkeit, als er realistischerweise erwarten könnte. Seine unterdrückte orale Gier äußert sich oft in verstellter Weise.

Da der Depressive hofft, daß der andere ihn braucht und ihn lieben wird, wenn er für ihn arbeitet, übernimmt er oft mehr Arbeit, als er bewältigen kann. Überhaupt glaubt er, daß er geliebt wird, wenn er für den anderen etwas leistet. Leistung bewirkt aber Anerkennung und allenfalls Dankbarkeit, nicht Liebe. Er ist dann enttäuscht, wenn die Liebe ausbleibt.

Wie später auch im Kapitel über *Charakterstrukturen in Institutionen* noch ausgeführt wird, geht er mit der oralen Hemmung, die seine Genußfähigkeit einschränkt, oft dergestalt um, daß er andere für sich genießen läßt und sich dabei mit ihnen, soweit er kann, identifiziert (altruistische Abtretung). Das, sein Interesse an anderen Menschen und seine Einsatzbereitschaft für andere, disponieren ihn für soziale Berufe.

Für andere kann er dann vieles fordern, was er für sich nicht verlangen könnte. Dabei sind die Forderungen oft überzogen - hier kommt wieder die abgewehrte orale Gier zum Tragen. Der Depressive verhält sich analog zum aggressionsgehemmten Zwanghaften, der für andere kämpfen und dabei sehr aggressiv werden kann. Sein Gewissen erlaubt es, für andere zu fordern, während eigene orale Impulse in der Kindheit unterdrückt wurden. Deshalb verlangt er nichts für sich und darf auch nichts verlangen; das Verbot eigener oraler Impulse hat er in sein Gewissen aufgenommen.

Berufskollegen, die mit weniger Einsatz für Patienten oder Klienten das Gleiche oder sogar mehr erreichen, hält er für schlechte Menschen, weil sie sich nicht genug einsetzen. Auch hier mißt er Leistung an der Anstrengung des Leistenden und nicht an den Ergebnissen.

Manche Depressive sagen: "Was mich fertig macht, ist nicht die Arbeit, das sind die Pausen." Arbeitspausen und Freizeit konfrontieren sie mit ihrem Initiativemangel und ihrer eingeschränkten Genußfähigkeit. Nicht wenige suchen sich ein Hobby, das in Wirklichkeit einem zweiten Beruf entspricht, und füllen damit ihre Zeit. Vielen Depressiven fällt es deshalb schwer, die Arbeit zu beenden, weil sie die Schwierigkeit kennen, wieder anzufangen. Depressive bevorzugen Berufe, bei denen ihnen die Arbeit "ins Haus gebracht" wird. Das ist zum Beispiel bei Ärzten in einer Praxis der Fall. Das Wartezimmer ist voller Patienten, die Ansprüche stellen und "verarztet" werden wollen. Die Initiative geht zunächst von den Patienten aus. Depressive Ärzte leisten oft ein großes Arbeitspensum mit ihren Patienten, tun sich aber schwer, Dinge zu tun, die Eigeninitiative erfordern. Sie haben zum Beispiel Probleme, Arztbriefe zu schreiben. Der Arztbrief ist ja keine Person, die schon durch ihre Anwesenheit zur Arbeit auffordert.

Weil zum Auswählen auch Initiative gehört, neigen depressive Menschen dazu, sich bei einer Fortbildungsveranstaltung alle angebotenen Vorträge "reinzuziehen". Die Initiative, den Saal zu verlassen und vielleicht das Gespräch mit Kollegen zu suchen, bringen sie nicht auf. Umgekehrt lösen sie sich schwer aus Gesprächen mit Kollegen, um in den Saal zurückzukehren. Das nicht auswählende Aufnehmen von angebotenem Wissensstoff befriedigt auch die latente orale Gier, wobei es wie bei einer hyperphagen Eßstörung dann mehr auf die Quantität ankommt als auf die Qualität.

Depressive kaufen sich oft Bücher, die sie dann aber nicht lesen. Auch beim Bücherkauf schlägt so etwas wie orale Gier durch. Viele empfinden die ungelesenen Bücher dann als ständigen Vorwurf; es sei denn, die Bücher sind weggeschlossen, so daß man sie nicht sieht, ähnlich wie Arztbriefe dann weniger als Vorwurf wirken, wenn die entsprechenden Karteikarten noch nicht herausgesucht oder auf dem Schreibtisch durch andere Akten verdeckt sind. In Bibliotheken erleben Depressive im Unterschied zu Menschen mit einer sublimierten Oralität nicht ein Schlaraffenland, sondern etwas Forderndes. Jedes Buch scheint zu sagen: "Du mußt (oder müßtest) mich lesen."

Die Aktivität der Depressiven ist am geringsten, wenn es darum geht, etwas für sich selbst zu tun. So halten Depressive es an ihrem Arbeitsplatz oft erstaunlich lange auf unbequemen Sitzmöbeln aus. Oft kommen sie gar nicht auf den Gedanken, sich etwas Bequemeres zu besorgen, oder sie können sich nicht dazu aufraffen.

Manche Depressive arbeiten langsam und werden deshalb mit der Arbeit nicht fertig. Das gilt besonders für solche Depressive, die sich zu jedem Arbeitsschritt immer wieder neu "auffordern" müssen. In der Freizeit haben sie dann ein schlechtes Gewissen, können sich deshalb schwer erholen und arbeiten am nächsten Tag noch langsamer. Es kann dann zu selbstverstärkenden Kreislaufprozessen kommen, bis Arbeitsunfähigkeit wegen Erschöpfung eintritt.

Zwanghaftes Arbeitsverhalten

Zwanghaft heißt auch: zwanghaft genau. Zwanghafte Menschen sind pedantisch, sie wollen die Dinge richtig machen. Wenn es um Messungen geht, wollen sie die Zahl herausfinden, die möglichst nahe am Richtigen liegt. Dabei übertreiben sie oft, dann zum Beispiel, wenn eine erhöhte Genauigkeit keinen praktischen Wert hat. Für den Zwanghaften hat sie aber einen Erkenntniswert: sie deckt sich "fast genau" mit dem zu Messenden, gibt es fast richtig wieder. Es bleibt wenig Unbekanntes und also auch wenig Unsicherheit.

Reine Mathematik, deren Formeln sich nicht einer Realität außerhalb ihrer anzunähern brauchen, kennt das Problem nicht, eine Aussage über Realität mit Realität selbst zur Deckung zu bringen. Sie bleibt den Zwanghaften aber meist verschlossen, weil sie Phantasie voraussetzt, vor der ein Zwanghafter Angst hat. Die Notwendigkeit, sich in der Arbeit auf konkrete Realität zu beziehen, schafft Sicherheit; Phantasie kann in ein Chaos führen. Der Zwanghafte ist eher Empiriker als Theoretiker. Er möchte "etwas Konkretes in der Hand haben".

Nicht nur Realitätskontakt, sondern auch Ordnung schützt

vor Chaos. Äußere Unordnung veranlaßt den Zwanghaften, sein inneres, abgewehrtes, unbewußtes, aber geahntes Chaos auf sie zu projizieren. Es schafft Ordnung in seiner Umwelt und ordnet so auch das projizierte Chaos. Der Zwanghafte hat entweder von den Eltern gelernt, ordentlich zu sein, oder er ist in einer unordentlichen Umgebung aufgewachsen und hat im Protest dagegen ein ordentliches Verhalten entwickelt.

Ordnung schaffen kann er aber nicht funktional, das heißt auf die konkrete Situation bezogen, und das heißt wieder: in einem Ausmaß, in dem sie zweckmäßig ist. Er übertreibt Ordnung aus einem inneren Bedürfnis heraus.

Die Motivation, Ordnung zu schaffen, läßt sich also nicht aus den Anforderungen der Realität erklären, sondern aus einem inneren Vorgang im Zwanghaften, der gerade *nicht* rational, sondern irrational ist: mit etwas *Äußerem* wird so umgegangen, als ob es etwas *Inneres* wäre. Ist die Zwangsstruktur nur gering ausgeprägt, spielt der beschriebene Vorgang der Projektion eine geringere Rolle. Spielt er jedoch eine größere Rolle, nimmt der Anteil von Zweckmäßigkeitsüberlegungen ab.

Der Zwanghafte wirkt in seinem Verhalten rigide. Das ist von einer Rigidität zu unterscheiden, die aus Gewohnheit entsteht. Die Rigidität des Zwanghaften entsteht aus einer inneren Dynamik, die ihm unbewußt ist und unbewußt bleiben muß, weil sie nicht mehr funktionieren könnte, wenn sie bewußt würde. Sie hat nicht nur mit übersteigerter Selbstkontrolle, sondern auch mit der Kontrolle des nach außen Projizierten zu tun. Gesetze und Verordnungen werden eng ausgelegt, denn: "Wohin kämen wir sonst" (ins Chaos), oder "Da könnte ja jeder kommen".

Sinnvolle Ordnung zu schaffen gehört zu vielen Berufen. Eine Hausfrau hält den Haushalt in Ordnung, ein Wissenschaftler erfindet eine Systematik und wendet sie auf ungeordnetes Wissensgut an, jemand wird Polizist, Staatsanwalt, Richter, oder er betreibt eine chemische Reinigung.

Das Ordnen kann aber auch übertrieben und deshalb dysfunktional sein. Eine Hausfrau kämmt die Fransen ihres Teppichs (es gibt tatsächlich spezielle Kämme dafür), sie wird zum Putzteufel, der Schmutz, Materie am falschen Ort, um jeden Preis und andauernd beseitigen muß; ein Wissenschaftler ordnet nur und wertet das Geordnete nicht mehr aus. Das Ordnen kann so viel Zeit in Anspruch nehmen, daß die Arbeitsproduktivität gegen Null geht.

Gegen das unterdrückte, unbewußte innere, zum Teil nach außen projizierte Chaos des Zwanghaften richtet sich auch der Vorgang des Kontrollierens eigener, aber auch fremder äußerer Aktivitäten und deren Ergebnisse. Es gibt Berufe, in denen viel kontrolliert werden muß; die Qualitätskontrolleure in einer Fabrik sind nur ein Beispiel, andere sind der Steuerprüfer, der Nachtwächter, der Polizist. Kontrolle erzeugt ein Gefühl von Sicherheit. Das Kontrollieren kann so überhandnehmen, daß nur noch kontrolliert und kaum mehr gearbeitet wird; zum Beispiel kann ein Buchhalter nur noch nachrechnen. Das Kontrollieren erhält dann eindeutigen Symptomwert.

Da alles mit allem interagieren und Unvorhersehbares erzeugen könnte, zumindest in der unbewußten, primärprozeßhaften Phantasie, hat der Zwanghafte eine Tendenz, alles voneinander zu trennen. Das geschieht unbewußt, wenn es sich auf Impulse bezieht, die aus dem eigenen Inneren kommen. Dazu setzt der Zwanghafte einen ohne Mitwirkung des Bewußtseins ausgelösten Abwehrmechanismus ein: die Isolierung aus dem Zusammenhang. Impulse aus seinem Inneren können ohne Zusammenhang mit ihren Ursachen auftreten, als Symptom. Das kann zum Beispiel ein Impuls einer Mutter sein, ihrem Säugling mit einer Schere in die Fontanelle zu stechen. Bewußt liebt sie das Kind; daß sie auch Gründe hat, es abzulehnen, verdrängt sie. Haß ist durch eine Verkehrung ins Gegenteil auf unbewußter Ebene, die sogenannte Reaktionsbildung, in besondere Fürsorge umgewandelt worden; genauer könnte man sagen: Fürsorge verdeckt den ursprünglichen gegenteiligen Impuls. Der Impuls kommt zum Schrecken der Frau ins Bewußtsein, ohne die unakzeptable Ursache, die ihn verständlich machen könnte.

Die Tendenz, zu trennen, beeinflußt aber auch die Wahrnehmung der Außenwelt und den Umgang mit ihr. Der Zwanghafte sieht vorwiegend *Unterschiede* und sucht nach Unterschieden, im Gegensatz zum Schizoiden, der Unterschiede übersieht und vernachlässigt und im Gegenteil das Gemeinsame sucht und wahrnimmt, weil er möchte, daß alles ein zusammenhängendes Ganzes sei, in dem er sich aufgehoben fühlen kann. Man sagt, der Zwanghafte sieht den Wald vor Bäumen nicht, der Schizoide die Bäume nicht vor lauter Wald. Daß der Zwanghafte hauptsächlich die Unterschiede sieht, macht Probleme in psychoanalytischen Therapien, wo es darauf ankommt, Analogien zu erkennen, gemeinsame Grundstrukturen verschiedener Phänomene, zum Beispiel das Gemeinsame an einem Autoritätskonflikt mit dem Chef und mit dem Vater. Das Festhalten an konkreter Realität macht den Zwanghaften schon wenig *geneigt* zu theoretischer Arbeit, die Tendenz, Gemeinsamkeiten zu übersehen, macht ihn dazu wenig *geeignet*.

Affekte können von Vorstellungen durch *Isolierung vom Affekt* getrennt werden, weil Affekte zu irrationalem Handeln führen könnten, was der Zwanghafte besonders fürchtet. Der Zwanghafte eignet sich, wenn er vom Affekt isoliert, gut für Berufe, bei denen Affekte stören, wie zum Beispiel dem Beruf des Schiedsrichters oder Richters. Die Kehrseite bei der Isolierung vom Affekt besteht in einer Verarmung des Gefühlslebens.

Die meisten Zwanghaften wollen Kontrolle auch in ihrem Beruf ausüben. Oft fühlen sie sich wohl in einer Hierarchie, wo sie kontrolliert werden, aber auch selbst kontrollieren. Das Wort *kontrollieren* wird hier im angelsächsischen Sinne gebraucht, wo es nicht nur Nachprüfen bedeutet, sondern auch beherrschen ("die Situation unter Kontrolle haben", es kann nichts passieren, was nicht soll). Probleme gibt es in der Zusammenarbeit auf gleicher Ebene. Da Zwanghafte immer nur ein Oben oder Unten kennen, suchen sie meist nach oben zu kommen, oder sie unterwerfen sich. Eine kollegiale Zusammenarbeit auf gleicher Ebene ist mit ihnen schwer realisierbar.

Probleme treten auf, wenn Zwanghafte Entscheidungen treffen sollen. Das hat verschiedene Gründe. Wegen ihrer Tendenz, Phänomene voneinander zu trennen, können sie diese schlecht im Kopf nebeneinanderstellen, um sie zu vergleichen. Deshalb können sie auch Wichtiges von Unwichtigem schwer unterscheiden. Das führt zu lange hinausgezögerten und schließlich oft falschen Entscheidungen. Ein anderer Modus, mit Entscheidung umzugehen, ist die Verschiebung auf das Kleinste. Die großen Probleme werden liegengelassen.

Sich zwischen zwei Alternativen zu entscheiden, heißt auch, eine davon endgültig fallenzulassen, sich von einer Möglichkeit zu trennen. Wenn für den Zwanghaften ein Sich-Trennen im Unbewußten einem Sich-Trennen von Körpersubstanz gleichkommt, macht das Fallenlassen oder "Wegwerfen" einer Alternative Angst. Zwanghafte können auch sonst oft schwer etwas wegwerfen. Speisereste bleiben im Kühlschrank, bis sie vergammelt sind; alte Zeitungen werden angesammelt, obwohl sie nie mehr gelesen werden. Es solches Verhalten wird dann rationalisiert: es könnte ja doch sein, daß man die Dinge noch einmal braucht. Zwanghaften fällt es oft besonders schwer, aus Manuskripten etwas zu streichen, was aber auch mit ihrem Drang nach Vollständigkeit und Absicherung zu tun haben kann.

Schließlich fallen dem Zwanghaften Entscheidungen auch schwer, wenn es sich um eine Entscheidung handelt, deren Konsequenzen er nicht in wirklich allem voraussehen kann. Hier spielt wieder die Angst vor dem Chaos eine Rolle.

Manche Zwanghafte überrennen ihre inneren Widerstände und entscheiden rasch, nach dem Motto: "Besser eine falsche Entscheidung als keine". Um der Gefahr entgegenzuwirken, sich in Einzelheiten zu verlieren, entkleiden sie die Phänomene willkürlich oder nach einem starren Schema eines Teils der Komplexität ihrer Merkmale, während sie sonst um eine vollständige Erfassung jeder Situation bemüht sind. Die Phänomene werden dann in eine Art Prokrustesbett eingepaßt, um sie handhabbar zu machen.

Entscheiden Zwanghafte über Menschen, lassen sie das ihnen unheimliche Emotionale oft außer acht. Sie richten sich nach dem Buchstaben der Verordnungen oder Gesetze. Von Schizoiden unterscheiden sie sich dabei durch weniger Radikalität. Sie können aber als Bürokraten im Extremfall Menschen in die Gasöfen schicken (wie HANNAH ARENDT am Beispiel Eichmann beschrieben hat). Sie können Werkzeuge von Radikalen werden, ohne Radikale zu sein. Die Sentenz: "Gerechtigkeit muß geschehen, und wenn die Welt untergeht", stammt aber eher von einem Schizoiden.

Faulheit gilt dem Zwanghaften als Sünde, auch wenn er durch Übergenauigkeit und übertrieben absicherndes Verhalten langsam arbeitet und deshalb wenig produktiv ist, bezieht er doch eine moralische Befriedigung daraus, tätig zu sein. Bummelnde Zwangsneurotiker, die es auch gibt, haben in der Regel ein schlechtes Gewissen, das sich auch daraus erklärt, daß sie unbewußt *gegen* jemanden bummeln.

Menschen, die wenig arbeiten, "stehlen dem Herrgott den Tag", auch wenn sie mit den Ergebnissen ihrer Arbeit auskommen und zufrieden sind. Arbeiten ist für den Zwanghaften ein Wert an sich. Ähnlich wie Depressive verwechseln sie aber oft die Anstrengung des Produzierens mit Produktivität. Funktionslust empfindet der Zwanghafte, wenn er einen perfekten Arbeitsstil hat, wobei er selbst bestimmt, was das sein soll; oder er übernimmt seinen Arbeitsstil von Autoritäten, denen er sich unterwirft, nicht aber von Gleichgestellten in freiem Austausch.

Phobisches Arbeitsverhalten

Phobisch strukturierte Menschen arbeiten unauffällig, wenn sie in Gegenwart eines steuernden Objektes sind. Im Abschnitt über die Entwicklung der Phobien habe ich schon das Beispiel des Studenten angeführt, der sein auseinandergenommenes Fahrrad erst dann wieder zusammensetzen konnte, als ein Bekannter kam und sich danebenstellte. Daß das steuernde Objekt keine realen Kompetenzen haben muß, zeigt das Beispiel eines Patienten aus dem akademischen Bereich, der seine Publikationen nur dann schreiben konnte, wenn seine Frau, die von dem, was er schrieb, nichts verstand, strickend im Nebenzimmer saß. Hier wurde die Frau unbewußt der Mutter der Kindheit gleichgesetzt, die in allem, was der Patient damals tun konnte, über die Kompetenzen verfügte und ihn nichts allein tun ließ.

Andere phobisch strukturierte Menschen brauchen mehr Kompetenzen des steuernden Objekts und ständige Rückmeldungen. Die können auch von einer Institution oder einer Gruppe von Leuten kommen, wie ich das im Kapitel *Charakterstrukturen in Institutionen* noch ausführen werde. Daß sich aus der Komplexität der Aufgaben, die in den meisten Arbeitsfeldern heute bewältigt werden müssen, die Notwendigkeit von Teamarbeit ergibt, kommt dem Phobiker entgegen. Ein *Team* kann die Funktion des steuernden Objekts übernehmen. Dies gilt für den Phobiker, der eine überprotektive, ängstliche Mutter hatte, die ihm die Dinge aus der Hand nahm. Hatte er eine Mutter, die mit ihm wenig interagierte, Entwicklungsschritte aber von ihm forderte, wird er in anderen nicht so leicht Objekte sehen können, die das, was ihm an Kompetenzen fehlt, substituieren - oder es jedenfalls tun würden -, wenn er selbst nicht weiterkommt. Solche Phobiker entwickeln auch in einem Team Arbeitsstörungen; sie wagen es nicht, Initiative zu ergreifen, oder verbergen vor anderen, was sie tun, weil sie erwarten, daß man mit dem, was sie machen, nicht zufrieden sein könne. In ihrer Zurückgezogenheit können sie dann wie kontaktgestörte Schizoide wirken.

In ihrem Arbeitsverhalten gleichen sie ebenso wie Phobiker des anklammernden Typs ohne ein steuerndes Objekt den Depressiven insoweit, als sie wenig Initiative aufbringen. Der Impuls, etwas zu tun, macht ihnen Angst, weil er zu einem schlechten Ergebnis führen könnte. Der bekannte Spruch: "Wenn ich den Drang spüre, zu arbeiten, setze ich mich in eine Ecke und warte, bis er vorüber ist", könnte auf sie gemünzt sein. Der Unterschied zum Depressiven ist, daß sie einen eigenständigen Impuls, etwas zu tun, erleben, während der Depressive ihn nicht erlebt und meist nur arbeitet, weil das Gewissen oder ein Ideal, dem er nachstrebt, es ihm befiehlt oder weil eine reale Außenperson oder eine Institution Arbeitsergebnisse von ihm fordert.

Manchmal wird allerdings der Impuls auch nicht erlebt, sondern nur eine diffuse, unbezogene Angst, die vom phobisch Strukturierten oft nicht als Angst erkannt, sondern nur als Unbehagen erlebt werden kann. Das hängt damit zusammen, daß die Ursachen für die Angst nicht klar sind. Manche Menschen, die ein jedes Gefühl, dessen Ursache sie nicht kennen, als Depression bezeichnen - ein verbreiteter Sprachgebrauch, auf den man als Untersucher nicht hereinfallen darf - sagen dann, sie seien depressiv.

Hysterisches Arbeitsverhalten

Im *hysterischen* Arbeitsverhalten findet sich ein Grundmuster wieder, das für die Partnerbeziehungen im Abschnitt über die *Entwicklung der hysterischen Struktur* beschrieben wurde. Neues begeistert, dann wird es schnell langweilig. Projekte werden nicht durchgehalten, Stellen werden oft gewechselt. Das Verhalten gegenüber Personen generalisiert sich also, es bezieht das Verhalten gegenüber der Arbeit mit ein.

So wie in Partnerschaften begeisterte Anerkennung gesucht wird, wobei im erotisch-sexuellen Bereich durch geringen Einsatz oft große, rasch eintretende bestätigende Wirkungen erzielt werden können, suchen hysterisch strukturierte Menschen auch Berufe, die Augenblickserfolge garantieren.

Photograph kann als ein solcher Beruf gesehen werden: Man drückt auf einen Knopf und hat ein Bild im Kasten. Daß es erst entwickelt und vergrößert werden muß und daß der Photograph oft viele Bilder macht, eher er das passende hat, wird dabei weniger beachtet.

Berufe, in denen man durch Nettigkeit und Charme etwas erreicht, zum Beispiel in der Hotellerie, als Reiseleiter oder als Handelsvertreter, sind auch beliebt. Hysterisch strukturierte Menschen haben es früh gelernt, andere durch mehr oder weniger bewußt eingesetztes erwünschtes zwischenmenschliches Verhalten zu beeinflussen. Sie spielten als Kinder eine Rolle, die nicht ihren realen Kompetenzen und Möglichkeiten entsprach, nämlich die Rolle einer Partnerin des Vaters oder eines Partners der Mutter, wobei sie oft ein Verhalten einsetzten, das sie als Kinder den Erwachsenen abgeguckt hatten. Sie verhielten sich also wie "ein kleiner Mann" oder "eine kleine Frau". Auch als Erwachsene spielen sie anderen gern etwas vor. Das macht sie, wenn daneben genug erwachsene menschliche Substanz, Intelligenz und Arbeitsmotivation vorhanden sind, für den Schauspielerberuf geeignet.

In vielen Berufen, zum Beispiel im Kaufmännischen und in der Gastronomie, wird erwartet, daß man sich freundlich verhält, ohne freundliche Gefühle zu empfinden. Ein solches Verhalten fällt vielen hysterisch Strukturierten leichter als anderen Menschen.

Die Illusion, durch Nettigkeit und Charme auch berufliche Kompetenzen ersetzen zu können, die der Hysterische früher nicht brauchte, um die Mutter beim Vater oder den Vater bei der Mutter auszustechen, diese Illusion kann dazu führen, daß Kompetenzen nicht erworben werden, die man später im Beruf braucht.

Wenn er nur nett ist, glaubt der hysterisch Strukturierte oft, wird er schon irgendwie durchkommen. Am wenigsten unter einem Kompetenzmangel leiden hysterische Männer, deren Mütter nicht nur ihre Nettigkeit und ihren Charme, sondern auch ihre Schulleistungen würdigten. Dazu sind Mütter besonders motiviert, die hoffen, der Junge werde im Beruf mehr leisten als der verachtete Ehemann. Manche dieser Männer fürchten aber, andere Männer zu übertreffen, weil die sich rächen könnten, oder sie haben sonst Probleme mit Rivalität. Angst vor Rivalität, aber auch übertriebenes Rivalisieren können das berufliche Fortkommen behindern.

Das gilt natürlich auch für hysterische Frauen. Hat eine hysterische Frau sich dem Vater in der Rolle eines Jungen angeboten, den sich der Vater vielleicht wünschte, und hat der Vater ein dazu passendes Leistungsverhalten positiv bewertet, kommt sie im Vergleich zu Frauen, die nur mit Charme und Liebsein zu beeindrucken suchten, in den meisten Berufen besser zurecht. Der Vater wollte in dem Mädchen vielleicht wirklich einen tüchtigen Sohn haben. Solche Erfahrungen in der ödipalen Phase, und oft auch später, verstärken allerdings die Tendenz, in einer Dauerbeziehung mit dem Partner zu rivalisieren, was die Prognose einer solchen Beziehung beeinträchtigt.

Bei ausgeprägten hysterischen Strukturen findet sich oft die sogenannte hysterische Denkstörung. Man hat sie mit einer Hemmung der sexuellen Neugier in Zusammenhang gebracht, die sich daraus erklärt, daß Sexualität in der ödipalen Phase einerseits aktiviert wird, andererseits aber unterdrückt werden muß, weil das begehrte Objekt nicht erreichbar ist. Daraus würde eine Denkhemmung resultieren, die besonders das Erkennen und Sammeln von Realinformationen und das schlußfolgernde Denken betrifft. Das hysterische Denken wirkt oft kindlich-naiv und unlogisch. Kinder verfügen über viele Informationen noch nicht, die Erwachsene haben; und weil sie oft gar nicht wissen, daß ihnen die Informationen fehlen, ziehen sie ihre Schlüsse von unvollständigen Prämissen aus und sind überzeugt, richtig zu denken. Eben das macht ihre Naivität aus. Infolge der Fixierung auf die ödipale Entwicklungsstufe sind hysterische Naive also in einer kindlichen Art des Denkens steckengeblieben.

Im vierten oder fünften Lebensjahr ist auch das kausale Denken noch nicht voll entwickelt. In dieser Hinsicht holen hysterisch strukturierte Menschen im Verlaufe ihrer weiteren Entwicklung, besonders unter dem Einfluß der Schule und gegebenenfalls der Universität, einiges nach, so daß sie den Lernstoff durchaus assimilieren. Prämissen werden dem Schüler oder Studenten meist in Form des in Büchern und Vorlesungen vermittelten Lernstoffes geliefert. Hysterische Denkstörungen äußern sich dann deutlicher im Beruf - vorher nur in solchen Fächern, in denen bereits während des Studiums selbständiges Arbeiten erwartet wird, zum Beispiel beim Studium der Chemie, nicht aber im weitgehend verschulten Medizinstudium.

Das Denken, ausgehend von unvollständigen Prämissen, findet sich verstärkt dort, wo es um die Beziehungen zwischen Menschen geht. Das scheint die Hypothese zu stützen, daß eine Hemmung der Sexualneugier - durch das Inzesttabu, nicht so sehr durch eine repressive Einstellung der Eltern gegenüber der Sexualität, was Sexualität ja auch interessant machen könnte - am

Entstehen der hysterischen Denkstörung beteiligt ist. Die Sexualneugier bezieht sich ja auf Beziehungen zwischen Personen. ("Was machen die Eltern miteinander? Könnte ich das auch machen?")

Bei der Sozialprognose des hysterisch Strukturierten kommt es sehr darauf an, was nach der ödipalen Phase passiert; ob die nötigen Kompetenzen für einen Beruf trotz wenig konstanter Lernmotivation erworben werden und ob dann der richtige Beruf gewählt wird, der es dem hysterisch strukturierten Menschen ermöglicht, seine Stärken einzusetzen.

Probleme entstehen nämlich durch die Neigung vieler hysterischer Adoleszenten, sich in der Berufswahl allzusehr durch Lehrer beeinflussen zu lassen, für die sie sich begeistern. So kann ein hysterisch strukturiertes Mädchen Mathematik studieren wollen, obwohl seine Begabungen in ganz anderen Bereichen liegen, weil sie für den Mathematiklehrer schwärmt. Daß seine Noten in Mathematik nicht die allerbesten sind, muß es nicht abhalten: es hat eben wenig Zeit, sich mit den Dingen zu beschäftigen, das wird es an der Universität alles ganz schnell aufholen. Ein hysterisch strukturierter Junge möchte "Forscher" werden, weil ein Lehrer sein naturwissenschaftliches Fach interessant darzustellen weiß, hat aber ganz illusionäre Vorstellungen, was den Aufwand an Zeit und Mühe angeht, der mit Forschung verknüpft ist.

Viele hysterisch Strukturierte haben originelle Ideen, wozu ein Denken disponiert, das sich nicht zu sehr nach "erwachsenen" Vorbildern richtet. Oft sind sie aber nicht imstande, ihre Ideen umzusetzen, weil es ihnen dazu an Kompetenzen und an Geduld fehlt. Andere sollen das für sie tun. Da man aber in Stellungen, wo einem solche Anderen zur Verfügung stehen, nur dann kommt, wenn man vorher selbst die Ideen anderer und eigene Ideen kompetent umgesetzt hat, stehen ihnen solche Leute meist nicht zur Verfügung. Es ist eben gut, wenn man beides kann, Ideen generieren und sie umsetzen. Die Voraussetzungen dafür dürften am günstigsten sein, wenn sich hysterische und zwanghafte Strukturanteile verbinden.

Zum Freizeitverhalten

Natürlich wirkt sich die Persönlichkeitsstruktur nicht nur darin aus, wie einer seine Arbeit tut. Sie beeinflußt auch das Verhalten in der arbeitsfreien Zeit.

Das Freizeitverhalten *narzißtisch* strukturierter Menschen ist stark durch die Suche nach Bewunderung beeinflußt. Sie kann über Leistung erlangt werden, zum Beispiel im Sport, aber auch durch die Wahl seltener und exquisiter Hobbys.

Schizoide trennen oft nicht zwischen Arbeit und Freizeit; auch hier geht für sie alles ineinander über. Wenn sie in der Freizeit arbeiten, empfinden sie das meist nicht als Belastung. Manche betrachten allerdings ihren Beruf nur als Möglichkeit zum Geldverdienen, vor allem wenn sie eine Arbeit tun müssen, die ihren Begabungsschwerpunkten nicht entspricht. Dann engagieren sie sich nur in ihrer Freizeit; sie machen oder hören intensiv Musik, malen, schreiben oder betreiben ein ganz versponnenes Hobby, von dem sie oft nicht gern sprechen. Wenn sie aber darüber sprechen, dann meist mit Menschen, die ihr Hobby teilen, im Unterschied zu den narzißtisch Strukturierten, die es eher stört, wenn ein Gesprächspartner das gleiche Hobby hat wie sie - es sei denn, sie seien besondere Meister in diesem Hobby und der Gesprächspartner vielleicht Anfänger.

Manche Schizoide, die sonst wenig Bezug zu ihrem Körper haben, treiben einen besonders anstrengenden Sport, um sich zu spüren.

Depressive trennen ebenfalls nicht klar zwischen Arbeit und Freizeit, und zwar deshalb, weil sie bezüglich ihrer Arbeit immer ein schlechtes Gewissen haben. Eigentlich müßten sie immer noch arbeiten, deshalb gibt es für sie keine Freizeit, die ihnen zusteht.

Viele tun in ihrer freien Zeit dann etwas für andere, zum Beispiel bereiten sie komplizierte Mahlzeiten für Gäste. Andere pflegen ihre Gesundheit, um für die Arbeit fitter zu werden; so schleppen sie sich zum Sport.

Die Wochenenden sind schlimm für sie, wenn niemand Anforderungen stellt und niemand sie braucht. Dann hätten sie es gern, wenn jemand sie anriefe, um etwas mit ihnen zu unternehmen. Die Initiative, selbst anzurufen oder zu Freunden zu gehen, bringen Depressive oft nicht auf. Sie haben auch Angst, der andere könnte ablehnen: das wäre ein Beweis, daß man sie nicht liebt.

Manche Depressive essen oder trinken am Wochenende viel, ohne das Essen und Trinken wirklich zu genießen, und haben dann am Montag ein schlechtes Gewissen, vor allem wenn sie sich infolge eines oralen Exzesses körperlich schlecht fühlen. Viele Depressive verbringen das ganze Wochenende am Fernseher und wechseln immerfort die Programme, um viel mitzubekommen.

Zwanghafte sammeln oft etwas. Sie verbringen ihre Freizeit mit dem Ordnen und, wenn die sich dazu eignen, mit dem Putzen ihrer Sammelgegenstände. Manche basteln auch an ihrem Auto herum, damit es tadellos in Schuß bleibt, oder sie putzen und polieren es. Zwanghafte sind oft eher Auto*halter* als Auto*fahrer*.

Ihre Freizeit wird geplant. Für Unvorhergesehenes sollen keine zeitlichen Freiräume bleiben.

Menschen mit einer *phobischen* Struktur können sich am Wochenende oft nur frei bewegen, wenn jemand anderes dabei ist. Sie gelten dann als gesellig, die anderen sind oft aber nur notwendige Begleiter. Fehlt ein Begleiter, sitzen sie ähnlich untätig zu Hause herum wie Depressive.

Kontraphobische Phobiker unternehmen Gefährliches, zu dem sie sich zwingen, zum Beispiel Bergsteigen oder schnelles Autofahren.

Hysterische Menschen sind am Wochenende gern unter Leuten; es muß "was los" sein. Sie planen ungern. Abends gehen sie gern weg. Als unerwarteter Besuch sind sie nicht immer willkommen, das liegt aber, meinen sie, an den anderen, die sich so schnell nicht umstellen und ihre Absichten für den Abend und das Wochenende nicht flexibel ändern mögen oder können. Wenn sie am Wochenende oder am Abend eine Eroberung machen konnten, die manchmal nur in einem Gespräch bestand, in dem sich jemand offenbar für sie interessierte, zum Beispiel in einer Kneipe, finden sie die Zeit gut angewandt.

Urlaubsverhalten

Narzißtisches Urlaubsverhalten

Narzißtisch strukturierte Menschen suchen sich ihr Reiseziel nach der narzißtischen Zufuhr aus, die ihnen die Reise bringen kann. Dabei zählen das Prestige eines Ortes und das Prestige eines Hotels. Sind die nötigen Mittel vorhanden, muß es das beste Hotel am Platze sein ("Ich habe einen einfachen Geschmack, ich will von allem das Beste", OSCAR WILDE). Sind die Mittel dazu nicht vorhanden, müssen der Ort oder das Hotel doch Merkmale aufweisen, die sie in irgendeiner Weise herausheben: die einmalige Lage, die vorzügliche, wenn auch unbegreiflicherweise noch nicht im Michelin gewürdigte Küche oder die extreme Unberührtheit des Ortes. Vorhandene Mängel müssen uminterpretiert werden: ist die Unterkunft einfach, wird ihre Ursprünglichkeit betont, ist der Ort überlaufen und laut, wird die Möglichkeit betont, Studien an Menschen zu betreiben. Die Einzigartigkeit der Wahl kann auch in extremer Bescheidenheit aller Merkmale bestehen - man sucht eben den Kontrast zum komfortablen Leben zwischen den Urlauben.

Im Hotel wird der beste Tisch verlangt. Kann der teuerste Wein nicht bezahlt werden, wählt man zumindest einen ausgefallenen. Ist der Wein weder ausgefallen noch teuer, wird dem Kellner gegenüber begründet, warum gerade dieser Wein gewählt wurde: er erinnert an einen vergangenen Urlaub, an die Studentenzeit, oder man trinkt ihn seit langem. Wird die Begründung weggelassen, wirft man doch einen herausfordernden Blick auf den Kellner, der besagt: "Ich wähle diesen kommunen und billigen Wein, was dagegen?"

Orte und Hotels, wo man gewesen ist, werden gern empfohlen, aber immer mit gewissen Einschränkungen. Die Einschränkungen etablieren den narzißtisch strukturierten Menschen als kritisch; man läßt sich selbst durch das Beste nicht beeindrucken. Folgen Freunde und Bekannte aber dem Rat, fahren sie an den empfohlenen Ort und gehen sie in das empfohlene Hotel, sind

Ort und Hotel für den Empfehlenden erledigt; man möchte doch gern, wenn auch nur im Kreise der Bekannten, der einzige sein, der an diesen Ort fährt und in diesem Hotel absteigt.

Da narzißtisch strukturierte Menschen in der modernen Industriegesellschaft beruflich oft viel erreichen, sind unter ihnen viele Aufsteiger. Mehr noch als andere, die aufgestiegen sind, achten narzißtisch strukturierte Menschen darauf, "wie er sich räuspert und wie er spuckt". Das ist ein Zitat aus SCHILLERS Wallenstein; heute kommt es nicht mehr auf das Räuspern an, und Spucken ist ungebräuchlich geworden. Die narzißtischen Aufsteiger versuchen aber - wie seinerzeit die Soldaten ihren Feldherrn Wallenstein - die in der erstrebten Sozialschicht Etablierten in ihren äußeren Verhaltensweisen genau nachzuahmen. Das zeitigt manchmal komische Wirkungen, die natürlich wieder Kränkungen zur Folge haben können. Auch in Gaststätten, wo sich das Personal auf derlei Signale nicht versteht, kreuzen sie sorgfältig ihre Bestecke, wenn sie noch etwas nachgelegt haben wollen, und es beleidigt sie, wenn Weißwein in ein Glas gegossen wird, das eher wie ein Rotweinglas aussieht.

Weil sie ständig damit beschäftigt sind, narzißtische Zufuhr zu erlangen und Kränkungen zu vermeiden, haben narzißtisch strukturierte Menschen oft wenig von ihrem Urlaub, und dies auch dann, wenn sie es fertigbringen, die Verbindung zu dem Betrieb, in dem sie eine wichtige oder von ihnen als wichtig gesehene Stellung inne haben, vorübergehend zu unterbrechen.

Schizoides Urlaubsverhalten

Da den *Schizoiden* die Phantasie fasziniert, mit einem idealen, harmonischen Objekt zu verschmelzen, ohne daß dieses Objekt in ihn einzudringen droht, sucht er oft den Kontakt mit einer schönen, unbewohnten und wenig von Menschen aufgesuchten Landschaft. Wenn er nicht im Wohnmobil fährt, wird er gern in Hotels übernachten, die Teil der Landschaft zu sein scheinen, also meist in alten, die in der Landschaft nicht wie ein Fremdkörper wirken, dorthin aus einer Stadt implantiert, sondern deren Stil aus der Landschaft heraus entstanden ist. Er wird gern in Berghütten übernachten oder bei Fischern wohnen.

Seinem Wunsch nach Autonomie kommt ein Wohnmobil entgegen, das beweglich und unabhängig ist; in der Landschaft zwar ein Fremdkörper, sie aber nicht dauerhaft verändernd. Freilich reagiert er unwillig auf ein zweites Wohnmobil, das er sieht, wenn er aus seinem herausguckt.

In seiner Jugend ist er oft Rucksacktourist; die Gastfreundschaft Einheimischer interpretiert er als Aufnahme in die Gemeinschaft, wobei sein Status als Fremder ihm die nötige Distanz erhält.

Städte besucht er gern außerhalb der Saison, wenn noch keine Touristen da sind oder keine mehr. Er phantasiert sich dann als Bewohner der Stadt. Da er auch gut darauf verzichten kann, mit Menschen zu sprechen, stört es ihn nicht, wenn er die Landessprache nicht versteht. Ohnehin interessiert er sich mehr dafür, wie Menschen sich bewegen, als dafür, was sie sagen. Das Averbale läßt ihm Raum für Phantasie.

Wenn er Kirchen und Museen besucht, abstrahiert er von den Menschen in ihnen, es sei denn, es handelte sich wieder um Einheimische, die in der Kirche gleichsam zum Inventar gehören.

In deren Gemeinschaft phantasiert er sich hinein. Ein jeder Tourist stört seine Phantasie des Dazugehörens, weil er ihn daran erinnert, daß er selbst einer ist und also doch nicht dazugehört.

Gedichte, die am Ort entstanden sind oder den Ort zum Gegenstand haben, interessieren ihn mehr als Reiseführer. Wenn er schließlich heimfährt, genießt er es, die Heimat ein bißchen wie ein Fremder zu sehen: wie ein Fremder, der phantasieren kann, dazuzugehören.

Depressives Urlaubsverhalten

Depressive hoffen auf den Urlaub. "Wo ich nicht bin, da ist das Glück". Sie suchen gern Gegenden auf, die ein müheloses, frohes Leben zu bieten scheinen - früher Italien und Mallorca, jetzt vielleicht die Karibik, wenn sie sich die leisten können. Andere wieder fahren in karge Gegenden, um aus der Kargheit ihres Lebens nicht in ein Paradies zu gelangen, das sie nicht aushalten könnten oder das sie während der übrigen Wochen des Jahres vermissen müßten. Manche lassen sich gerne in Hotels verwöhnen, um passiv-oral sein zu können, weil sie nicht aktiv-oral sein dürfen. Was ihnen geboten wird, dürfen sie nehmen. Andere haben Angst vor passiver Oralität. Sie müssen sich auch im Urlaub selbst versorgen, weil sie fürchten, danach schwer wieder für sich selbst sorgen zu können, wenn die Versorger nicht mehr zur Verfügung stehen. Manchen gelingt es nur, Versorgung zu akzeptieren, wenn sie begrenzt und irgendwie spartanisch bleibt. Ihr ideales Essen ist eine sorgfältig zubereitete Diät: in der Sorgfalt liegt die Versorgung, in der diätisch begründeten Auswahl der Speisen die Begrenzung. In Gaststätten fürchten sie aber, den Kellner, der sich auf ein gutes Geschäft gefreut hat, zu enttäuschen, wenn sie nicht etwas Teures bestellen. Sie geben dann häufig überhöhte Trinkgelder. Andererseits haben sie aber den Eindruck, mehr zu bezahlen, als sie bekommen, was mit der eingeschränkten Genußfähigkeit ebenso zusammenhängt wie mit der meist angestrengten Art ihres Geldverdienens. Am wohlsten fühlen sie sich in einem Land mit günstigem Wechselkurs, wenn es ihnen gelingt, auszublenden, daß die Einheimischen sie um diesen Wechselkurs beneiden.

Depressive, die fürchten, in Passivität zu versinken, müssen immer in Bewegung bleiben. Nach einer längeren Pause wieder in Gang kommen könnten sie schwer. Aus anderen Gründen als die Schizoiden fahren sie mit Wohnmobilen oder Wohnanhängern los. Oft erkunden sie süchtig eine Landschaft oder ein Land und ziehen sich abends wieder in ihren Wohnwagen zurück, in ihr Zelt oder in ihr bescheidenes Hotelzimmer. Daß sie viel aufnehmen, rechtfertigt ähnlich wie das "Eindrücke-Sammeln" der Zwanghaften ihre Ausgaben für die Reise. Oft sind sie allerdings von dem Land enttäuscht, in das sie reisen. Sie haben sich ein Paradies vorgestellt, und das finden sie nicht vor. Auch in der Südsee sind sie nicht glücklich. Ihre Unfähigkeit, sich am Gebotenen zu freuen, rationalisieren sie mit Kritik an Kleinigkeiten. Einen Teil des Urlaubserlebens holen die Depressiven nach, wenn sie zu Hause die Dias anschauen. Dann können sie die Bilder schön finden; die Gefahr, es könnte ihnen zu gut gehen, besteht dann nicht mehr. Bald nach dem Urlaub beginnen sie wieder auf den nächsten zu hoffen, wenn sie sich nicht ein für allemal und früher schon entschlossen haben, den Urlaub hauptsächlich unter dem Aspekt der Erholung und der Gesundheitsfürsorge zu sehen - als etwas, das eben sein muß, oder als etwas, auf das sie als arbeitende Menschen Anspruch haben. Wenn sie nichts mehr erhoffen, können sie auch nicht enttäuscht werden. Sind sie von fröhlichen Menschen umgeben, die sich ihres Urlaubs freuen, werden sie depressiv, weil sie ihre eigene Genußunfähigkeit im

Kontrast zu diesen Menschen erleben. Manchmal gelingt es ihnen aber, sich mit den Menschen zu identifizieren, denen es gut geht. Einen Teil von deren Freude erleben sie dann mit.

Zwanghaftes Urlaubsverhalten

Zwanghafte Menschen neigen dazu, immer wieder den gleichen Urlaubsort oder zumindest das gleiche Urlaubsland aufzusuchen. Das tun sie aus einem Sicherheitsbedürfnis heraus und nicht, wie manche Schizoide, aus dem Wunsch, eine Harmonie wiederzufinden, die sich aus einem langsam erreichten Vertrautsein ergibt.

Suchen sie unbekannte Länder auf, informieren sie sich nicht aus der Belletristik, um etwas von der Atmosphäre des Landes vorweg kennenzulernen, sondern aus Büchern und Prospekten, die ihnen Sachinformationen bieten. Ihre Vorstellungen von Land und Leuten suchen sie dann wiederzufinden. Dabei verschafft es ihnen ein Gefühl der Befriedigung, wenn sie mit ihren Erwartungen recht behalten, und ein Gefühl der Beunruhigung oder des Ärgers, wenn sie andere Verhältnisse antreffen, als sie erwartet hatten.

Die Abweichungen mögen sehr klein sein: Ist der Strand bei ihrem Gehtempo nicht fünf, sondern sieben Minuten entfernt, kann ihnen das den ganzen Urlaub verderben. Deutsche Küche in einem Hotel kann unakzeptabel sein, wenn sie doch Anklänge an das Land aufweist, in dem das Hotel steht. Italienische Küche kann beunruhigen, wenn sie anders ist als beim Italiener zu Hause.

Da die eigene Lebensform die richtige sein muß, stoßen abweichende Lebensformen auf Kritik. So kann dem Zwanghaften die Siesta in einem heißen Land als Zeichen von Faulheit gelten und nicht als eine sinnvolle Anpassung des Tagesrhythmus an die klimatischen Verhältnisse.

Im Hotel überleben Zwanghafte eher als andere einen Brand, weil sie sich genau über die Fluchtwege orientieren, ehe sie zu Bett gehen. Dagegen erleben sie auf Reisen mehr unangenehme Überraschungen der alltäglichen Art als andere, weil sie so viel finden, was nicht richtig ist oder nicht gut funktioniert. Ihre Erwartungen sind eben festgelegter als die anderer Menschen, und deshalb kommt es eher zu Diskrepanzen zwischen Erwartung und eintretender Realität. Manchmal werden Mißhelligkeiten allerdings nicht als unangenehme Überraschungen eingeordnet, sondern als Bestätigungen eines Konzepts, das der Zwanghafte mitbringt: "Die Italiener (die Spanier, die Franzosen, die Tunesier) sind eben so", stellt er befriedigt fest. Den Bewohnern von Entwicklungsländern gegenüber ist er meist toleranter als gegenüber Einwohnern von Ländern, die einen ähnlichen Entwicklungsstand aufweisen wie sein eigenes. Es ist ja offensichtlich, daß die noch etwas lernen müssen. Schaudernd, aber irgendwie begeistert erzählt er von unmöglichen Verhältnissen auf den Toiletten. Andererseits: "Sie können aber auch anders, im Hotel unter deutscher Leitung war das Klo sehr sauber, man muß ihnen nur zeigen, wie man es macht; von selbst können sie natürlich nicht draufkommen, woher auch."

Ein besonderes Interesse hat der Zwanghafte an merkwürdigen Sitten und Gebräuchen des Gastlandes, die er allerdings vorher schon aus Büchern kennengelernt hat: "Die Araber dürfen nur mit der rechten Hand in den Kuskus fassen, weil sie sich mit der linken den Hintern putzen. Wird einem Dieb die rechte Hand abgehackt, darf er nicht mehr mitessen."

Einerseits möchte der Zwanghafte die Segnungen des Westens in das ferne Land bringen, andererseits bewundert er schon einmal die festgefügten hierarchischen Strukturen. "Die Boys in Indien wußten genau, wo ihr Platz ist. Sie würden nie vertraulich mit einem Gast reden, selbst wenn sie Deutsch könnten, aber das haben sie natürlich von den Engländern." Dagegen wird das Kastenwesen in Indien als undemokratisch abgelehnt. "Wo kämen wir denn da hin, wenn nicht jeder die gleichen Chancen hat. Arbeit und Leistung müssen sich lohnen, sonst kommt dieses Land nie zu was."

Ein günstiges Preis-Leistungsverhältnis kann den Zwanghaften, der es oft wie einen Verlust von Körpersubstanz empfindet, wenn er Geld hergeben muß, über viele Mängel hinwegtrösten. Zu Hause spricht er dann begeistert und ausführlich von den Preisen.

Dem Leser wird aufgefallen sein, daß diese Schilderung in vielem mit dem Bild übereinstimmt, das man im Ausland und teilweise auch bei uns vom deutschen Touristen hat.

Phobisch strukturierte Menschen kommen schwer ohne ein steuerndes Objekt aus; die meisten verbringen auch ihre Urlaube in Begleitung vertrauter Personen, die sich ihnen in dieser Funktion bewährt haben. In Gegenwart dieser Begleiter können sie sich frei bewegen. Die Regel, daß eine Begleitung erforderlich ist und arrangiert wird, kennt aber Ausnahmen. So gibt es Phobiker, die ihre Angst kontraphobisch verarbeiten: die Kränkung, ängstlich zu sein, ist für sie schlimmer als die Angst selbst. Solche Phobiker bevorzugen waghalsige Unternehmungen; sie machen Alleingänge im Gebirge, wo es objektiv gefährlich ist. Sie legen den Weg in den Urlaub in Rekordzeit zurück oder wagen sich allein in ferne Länder, ohne die Sprache zu verstehen. Etwas anderes ist es noch, wenn sie an organisierten Abenteuerurlauben teilnehmen. Dort können der Leiter oder die Gruppe der Touristen als steuerndes Objekt fungieren.

Aber auch Phobiker, die nicht zu einem kontraphobischen Verhalten neigen, empfinden im Ausland oft weniger Angst als an ihrem Heimatort. Das klingt paradox, läßt sich aber verstehen. Phobiker haben eben Angst vor einem Verhalten, das von der Gesellschaft abgelehnt würde. Fahren sie ins Ausland, genießen sie als Touristen eine gewisse Narrenfreiheit. Keiner wird von ihnen erwarten, daß sie alle Sitten und Gebräuche eines Landes kennnen und keinen Fauxpas begehen - je weiter weg das Land, um so weniger. Was sie in der Heimat unmöglich machen würde, zumindest in ihrer eigenen unbewußten Einschätzung, wird im Ausland auf das Konto ihres Ausländerstatus geschrieben. Zwar schimpfen die Einheimischen über Ausländer, die sich nicht zu benehmen wissen, andererseits haben sie aber meist Verständnis für ihre Unwissenheit. Außerdem braucht der Reisende einen Ort, wo er sich in irgendeiner Weise schlecht aufgeführt hat, ja nicht wieder aufsuchen, im Gegensatz etwa zu der Stadt oder dem Dorf, wo man lebt. So sind die Folgen dessen, was der Phobiker fürchtet, begrenzt. Hinzu kommt die zeitliche Begrenzung eines Urlaubs. Selbst wenn der Reisende im Ausland versumpfen oder versacken würde, hätte er doch sein Rückreiseticket, das ihn daran erinnert, zum festgesetzten Termin heimzufahren, wozu ihn in den meisten Fällen auch die Begrenztheit der finanziellen Mittel zwingen würde. Bei Charterfernreisen kommt noch hinzu, daß ein Reiseleiter zur Verfügung steht und eine gewisse Struktur oft durch vorher gebuchte Ausflüge und Ähnliches gegeben ist.

Andererseits kann bei vorher symptomfreien Menschen mit einer phobischen Struktur gerade während eines Urlaubs eine Symptomatik ausbrechen, und zwar besonders bei Frauen in sexuellen Versuchungssituationen. Auch das ist verstehbar: Die Folgen sexueller Kontakte können in Gestalt einer unerwünschten Schwangerschaft den Urlaub überdauern. Für Frauen wie Männer kommt heute noch die Bedrohung durch AIDS hinzu; darüber, wie sich das für phobisch strukturierte Menschen auswirkt, haben wir noch nicht genügend Erfahrungen. Ich vermute aber, daß bei Männern nach wie vor die Angst vor homosexuellen oder aggressiven Durchbrüchen am häufigsten auslösend bleiben wird. Die Angst vor AIDS ist bewußt; die Gefahr ist groß, aber überschaubar.

Hysterisches Urlaubsverhalten

Daß sich der *hysterische Mann* und die *hysterische Frau* in der Entstehungsgeschichte und in den Grundformen ihrer Struktur unterscheiden, soll auch in der Darstellung des Reiseverhaltens berücksichtigt werden.

Hysterische Männer wie Frauen zieht es an Orte, wo viele Menschen sind, denen man sich zeigen und mit denen man in Interaktion treten kann. Hysterische Männer wie Frauen haben in der ödipalen Phase ihrer Entwicklung eine Beziehung zum gegengeschlechtlichen Elternteil gehabt, die nicht institutionalisiert war, nicht vergleichbar der Beziehung zwischen verheirateten Erwachsenen. Ihre zentrale Beziehung war eine, die sich aus den anerkannten Aspekten des Sohn- oder Tochterseins nicht zwangsläufig ergab, deshalb immer gefährdet blieb und durch dauernde Mühe und Aufmerksamkeit erhalten werden mußte. Entsprechend werden hysterische Männer und Frauen unruhig, wenn niemand da ist, der sich intensiv für sie interessiert und sie *toll* findet. Das entspricht in ihrem Unbewußten einem Verstoßensein.

Hysterische Männer sind im Urlaub auf "Eroberungen" aus, von denen nach dem Urlaub eine "Kerbe auf der Flinte" bleibt; hysterische Frauen hoffen eher auf den Mann ihres Lebens, den Prinzen, der sie auf immer, oder zumindest für einige Zeit, aus ihrem Alltag herausreißt - oder sie, bei stärkerer sexueller Blokkierung, aus dem Dornröschenschlaf ihrer Sinne befreit. Die Voraussetzungen dafür, daß dies während eines Urlaubs gelingt, sind tatsächlich günstiger als zu Hause. In einem fremden Land kann die hysterische Frau einen Mann antreffen, der einem anderen Kulturkreis angehört als der Vater und sich auch äußerlich stark von ihm unterscheidet, zum Beispiel durch eine andere Hautfarbe. So kann das Inzesttabu der Vater-Tochter-Beziehung einer Frau umgangen werden, die an den Vater gebunden ist und dieses Inzesttabu auf andere Männer generalisiert.

Meist besteht nicht die Perspektive einer Dauerbeziehung. Kommt eine solche Dauerbeziehung zustande, weil mit dem Mann ungehemmte Sexualität möglich war und die hysterische Frau hofft, das werde auch künftig möglich sein, gibt es allerdings Schwierigkeiten. Das Zusammenleben in einer Wohnung macht den ausländischen Mann dem Vater wieder ähnlich, weil der Vater ja das Merkmal *Mann in der Wohnung* hatte. Auf die Schwierigkeiten, die entstehen, wenn eine mitteleuropäische Frau in einem fremden Land mit einer fremden Kultur leben muß, will ich hier nicht eingehen. Lebt das Paar aber dann im Land der Frau, kann es passieren, daß der Mann sein Selbstvertrauen verliert, weil er seinerseits im fremden Land schwer zurechtkommt. Er ist dann nicht mehr der zwar dem Vater Unähnliche, aber dennoch Starke.

Wenn der Urlaubspartner einer anderen sozialen Schicht angehört, kann das auch helfen, das Inzesttabu zu umgehen. Erträumt wird oft ein Mann aus einer höheren sozialen Schicht, es kommt aber auch ein Mann aus einer niedrigeren sozialen Schicht in Frage. In der Realität ist es meist ein solcher, der als Partner zur Verfügung steht und akzeptiert wird. Die andere soziale Schicht als Merkmal, das vom Vater differenziert, spielt zum Beispiel eine Rolle, wenn der Partner ein Skilehrer ist, der im Sommer eine kleine Landwirtschaft betreibt, und die Frau Tochter eines Akademikers.

Ein solcher Mann ist stark, weil er besser skilaufen kann als die meisten Touristen, aber gleichzeitig auch schwach, weil er einen geringeren Sozialstatus hat als die Frau. In der Kombination von stark und schwach gleicht er dem "zerstreuten Professor". Er vereint in sich die zwei möglichen Partner einer vaterfixierten Frau: den im Vergleich zu ihr stärkeren und den im Vergleich zu ihr schwächeren.

Da es dem hysterischen Mann nicht so sehr darauf ankommen muß, daß Partnerin und Mutter sich auch äußerlich unterscheiden, weil er stärker differenziert zwischen der mehr versorgenden Mutter und der mehr erregenden Frau als Sexualpartnerin, sucht er seine Partnerinnen vor allem unter den Touristinnen. Die einheimischen Frauen sind, besonders in den südlichen Ländern, nicht leicht zu verführen - besonders dann, wenn der Ausländer die Sprache nicht oder unvollkommen beherrscht und die Verführungsrituale nicht kennt, auf die einheimische Frauen ansprechen. Manche an die Mutter stark gebundenen hysterischen Männer machen sich das Angebot des thailändischen Sextourismus zunutze, der in der Verbindung von Körperpflege (Massage) und Sexualität eine Kombination von pflegender und sexuell erregender Frau bietet, die als Prostituierte aber der Mutter, einer "anständigen Frau", unähnlich ist.

Andere hysterische Männer zieht es zu einem Abenteuerurlaub, wo sie sich in einer quasi experimentellen Gefahrensituation als Männer bewähren und von ihresgleichen akzeptiert werden können. In einer solchen Situation können sie auch versuchen, besser zu sein als der Vater, der vielleicht mit seinen Kriegserlebnissen geprahlt und von den Gefahren berichtet hat, die er überstehen mußte und überstand. War der Vater aber durch und durch ein Zivilist, bewährt sich der Sohn nun auf einem anderen Feld, auf dem er mit dem Vater gerade nicht in Konkurrenz gerät und wo er sich dennoch als Mann legitimieren kann. Daß die Bewährung nicht dort erfolgt, wo sie am zweckmäßigsten wäre, nämlich im Beruf, wird übersehen oder in Kauf genommen.

Zu sexuellen Kontakten muß es für hysterische Männer und Frauen nicht immer kommen. Manchmal genügt schon die Vorstellung 'ich könnte, wenn ich nur wollte'. Manche hysterischen Frauen beenden eine Beziehung kurz vor dem sexuellen Vollzug, weil sie - wenn sie unter einer sexuellen Funktionsstörung leiden, oft mit Recht - fürchten, den Mann zu enttäuschen. Ihre Vorstellung vom eigenen Genitale ist ambivalent: Es ist ein Schatzkästlein oder etwas Häßliches und geradezu Lächerliches. Ein realer Sexualkontakt, nach dem sich der Mann enttäuscht abwendet, würde die negative Seite der Ambivalenz unerträglich verstärken; ein Vermeiden des Sexualkontaktes bewahrt die Vorstellung vom Schatzkästlein. Diese Vorstellung kann sogar verstärkt werden, wenn die Frau sich in der Phantasie ausmalt, wie begeistert ein bestimmter Mann von ihr gewesen wäre, wenn sie nur einen sexuellen Kontakt zugelassen hätte. Entsprechend können sich auch hysterische Männer damit zufriedengeben, die Leidenschaft einer Frau entzündet zu haben. Auch ihre Vorstellung vom eigenen Genitale ist ambivalent: Sie phantasieren ihren Phallus als beglückenden Zauberstab, der jede Frau in Begeisterung versetzen würde, und dann wieder als unzureichendes, schwaches und kleines Werkzeug, das den Spott und die Verachtung aller Frauen hervorrufen müsse. Entzünden sie die Leidenschaft einer Frau, ohne sie zu stillen, bewahrt das die Vorstellung eines hochwertigen Genitales.

Manche hysterischen Männer erobern die Mutter-Frau in ihrem Urlaub symbolisch. Sie besteigen Berge, und je schwieriger ein Berg ist, um so mehr ähnelt er der Mutter, die sie nie wirklich und ganz für sich haben konnten.

Ein starker Wunsch nach Abwechslung ist hysterischen Frauen und Männern gemeinsam. Sie planen einen Urlaub nicht gern, sie fahren lieber spontan los und suchen das Überraschende. Manchmal bringen Planungsmängel sie in unangenehme oder gefährliche Situationen, von denen sie später gern berichten. Sie berichten auch gern von der großen Zahl von Menschen, mit denen sie ins Gespräch gekommen sind, mit denen sie also eine Beziehung begonnen, aber nicht weitergeführt haben. Besonders freut es sie, wenn ihnen Menschen, die sie kennenlernten, Geheimnisse anvertraut haben, von denen man sonst erst nach längerer Bekanntschaft erfährt. Sie schreiben das ihrem, oft realen, Charme und im engeren oder weiteren Sinne ihren Verführungskünsten zu. Tatsächlich lernt jemand, der Beziehungen immer wieder im Vorfeld abbricht, durch die stetige Übung besser, wie man Beziehungen beginnt, als jemand, der weniger Beziehungen anfängt, sie aber längere Zeit weiterführt. Die so erfahrenen Geheimnisse stehen unbewußt für das "geheime" Genitale.

Charakterstrukturen in Institutionen

In diesem Kapitel soll das Verhalten von Menschen verschiedener Struktur in Institutionen dargestellt werden. Im Mittelpunkt der Betrachtungen steht das Verhalten von Chefs verschiedener Struktur. Daneben wird aber auch darauf eingegangen, wie diese Chefs mit Mitarbeitern verschiedener Struktur umgehen und wie Mitarbeiter verschiedener Struktur mit einem Chef umgehen.

Daß ich mich dabei vor allem auf Universitätskliniken beziehe, rührt daher, daß das Gesundheitswesen der Bereich ist, über den ich durch meine überregionale Supervisionstätigkeit die meisten Informationen habe. Universitätskliniken sind deshalb interessant, weil ein Chef dort verschiedene Aufgaben hat, von denen besonders zwei miteinander in Konflikt geraten können: Krankenversorgung und Forschung. Mutatis mutandis läßt sich das hier Dargestellte auch auf reine Versorgungseinrichtungen anwenden, aber auch auf Institutionen mit ganz anderen Aufgaben.

Die narzißtische Struktur in Institutionen

Bei entsprechender Begabung kommen *narzißtisch* Strukturierte oft in leitende Positionen. Sie streben eine leitende Position an, weil sie sich nur als die Ersten wohlfühlen können. In einer leitenden Position verwirklichen sie einen Teil ihrer Größenphantasie, wichtiger als alle anderen zu sein. Diese Phantasie haben sie natürlich schon, wenn sie ihre Laufbahn beginnen. Wenn es ihnen nicht gelingt, sie zu verbergen, erweist sich diese Phantasie als Stolperstein: auf den unteren Rängen der beruflichen Pyramide arbeitet man meist mit vielen zusammen, auf die man angewiesen ist. Da kann es narzißtisch Strukturierte sehr behindern, wenn sie sich unbeliebt machen. Viele erwerben aber eine soziale Routine, die den Anschein persönlichen Interesses am anderen vermittelt. Freilich beschränken sich narzißtisch Strukturierte auf den Umgang mit Menschen, die für ihre Karriere wichtig sind. Das spart ihnen Zeit, die sie dann für ihr berufliches Fortkommen verwenden können. Überhaupt ordnen sie dem beruflichen Fortkommen vieles unter. Auch die Partnerwahl wird oft entsprechend getroffen - eine Partnerin oder ein Partner soll beim beruflichen Aufstieg helfen können, für sich aber nicht zuviel erwarten. Dafür eignen sich Depressive wegen ihres Altruismus, sie bewundern auch die scheinbare Unabhängigkeit des narzißtisch Strukturierten. Meist verhungern sie neben ihm aber emotional, so daß solche Beziehungen nicht haltbar sind; besser eignen sich Personen, die auch narzißtisch strukturiert sind, aber aus Gründen, die in ihrer mangelnden Begabung oder in äußeren Umständen liegen, nicht in die erste Position gelangen können. Als Ersatzlösung bietet sich ihnen die Verbindung mit einem Begabten an, den sie fördern und an dessen Erfolg sie teilhaben können - per Identifikation, aber auch deshalb, weil etwas von dem Licht des erfolgreich Strahlenden auf sie fällt.

Von ihren Vorgesetzten werden narzißtisch Strukturierte oft gefördert, weil sie wegen der Einseitigkeit ("single-mindedness"), mit der sie sich auf ihre Karriere konzentrieren, viel leisten. Damit erhöhen sie die Produktivität der Institution, an der ein Chef Interesse haben muß. Freilich bleiben dem narzißtisch Strukturierten die ganz großen Leistungen oft versagt, weil die nur aus einem echten, unmittelbaren Interesse an der Sache entstehen können, während seine Arbeit sekundär motiviert ist; sie ist eher Mittel zum Zweck, eine leitende Position zu erreichen. Manche Chefs merken das und fördern sie nicht. Arbeiten narzißtisch Strukturierte als Ärzte, kann ihnen das mangelnde Interesse an den Patienten zum Verhängnis werden, wenn ein Chef Wert darauf legt, daß sich seine Mitarbeiter ärztlich verhalten. Hier gilt aber das gleiche wie für den Umgang mit den Mitarbeitern auf gleicher Ebene: Es kann dem narzißtisch Strukturierten gelingen, eine routinierte "bedside manner" zu entwickeln, die ihn sogar bei den Patienten beliebt macht, die in ihrer oft hilflosen Lage gern glauben möchten, daß sie jemand als Personen wichtig nimmt, und Zweifel an der Echtheit dieses Interesses beiseiteschieben. Am Ende können Menschen Chef einer Klinik werden, die weder an wissenschaftlicher Arbeit noch an der Krankenversorgung ein primäres Interesse haben.

Den narzißtisch strukturierten Chef sollen viele bewundern, oder sie sollen die Voraussetzungen dafür schaffen, daß er bewundert werden kann. Seine Mitarbeiter fördert er, solange sie zu seinem Ansehen beitragen. Andere funktionieren wie Ausstülpungen seiner selbst, sie bewegen sich angeregt durch die Impulse, die der Chef an sie aussendet. Menschen, die Mißerfolge haben oder sonstwie nicht "funktionieren", läßt er fallen.

Alle Anregungen müssen von ihm ausgehen. Wenn er Anregungen anderer aufgriffe, würde er sich als Ausstülpung des anderen erleben oder als Bündel von Funktionen, denn er projiziert seine eigene Art, mit Menschen umzugehen, auf andere. Hier gerät er allerdings in Konflikt mit seinem Wunsch, die Institution möge viel hervorbringen, was zu seinem Ruhm beiträgt. Kann er so nicht umhin, eine Anregung aufzugreifen, "vergißt" er die Autorschaft. Dann erscheint es ihm bald so, als ob die Sache von ihm selbst ausgegangen wäre. Nur auf Spezialisten kann er lokkerer hören. Die behandelt er dann wie ein Monarch seine Ratgeber.

Auch außerhalb der Institution, die er leitet, muß er in jeder Gruppe von Menschen der Erste sein, die Rolle des Gefolgsmannes ist nicht für ihn gemacht; es sei denn, er findet jemanden, auf den er sein Größenselbst projizieren kann. Er kann auch nicht wirklich die Position des Beraters einnehmen, als Berater muß er heimlicher Anführer sein. Wenn die anderen das merken, wird er als Berater vielleicht in Frage gestellt. Dann bemüht er sich um Objektivität. Er wird oft in ehrenamtliche Leitungsfunktionen gewählt, die Geeignetere nicht haben wollen, weil die damit verbundenen Funktionen zu mühselig und zeitraubend sind. Die mit solchen Funktionen verbundene Macht nutzt der narzißtisch Strukturierte dann aus, um sich auch in anderen Bereichen nach vorn zu spielen.

Wenn er nicht Anführer sein kann, möchte er graue Eminenz sein, also einer im Hintergrund, von dem alles ausgeht. Dazu hofft er die Rolle des Beraters umfunktionieren zu können.

Sein konstantes Festhalten an der Rolle des Initianten bringt die anderen schließlich auf. Sie versuchen dann, ihn zu stürzen, was aber selten gelingt, weil er seine Umgebung zu sehr an seine Anführerrolle gewöhnt hat, so daß keiner sich imstande fühlt oder Lust hat, die Rolle des Leitenden zu übernehmen.

Bewundern ihn nicht alle in einer Institution oder in einer Vereinigung, kann er sich auch mit einer kleinen Gruppe von Bewunderern zufriedengeben, vorausgesetzt es handelt sich um sehr angesehene Menschen oder um sogenannte Multiplikatoren, um Leute, die weitere Bewunderer rekrutieren könnten.

Der narzißtisch Strukturierte kann etwas aufbauen. Er glaubt dann, für sein Werk zu leben; in Wahrheit ist das Werk aber wieder eine Ausstülpung seiner selbst. Ohne ihn hat es eigentlich keine Existenzberechtigung. Ist das Werk gefährdet, erlebt er das als existentielle Bedrohung, so als ob das Werk ein lebenswichtiges Organ wäre, zumindest aber so notwendig wie ein Arm oder ein Bein.

Die Pensionierung wird vom narzißtisch Strukturierten als existentiell bedrohlich erlebt. Er hat nicht die Einschätzung, daß andere seine Arbeit weiterführen, sie wird ihm weggenommen. Oft versucht er, auf die Institution noch Einfluß zu nehmen, wenn längst ein Nachfolger da ist. Ähnliches passiert in wissenschaftlichen Gesellschaften oder sonstigen Vereinen, die er geleitet oder gegründet hat, wenn er den Vorsitz abgeben muß. Er versucht immer noch der Erste zu sein.

Zwanghafte verhalten sich da anders. Obwohl sie es schwer ertragen können, die Kontrolle über irgend etwas zu verlieren, respektieren sie die Hierarchie einer Institution und unterwerfen sich deren Regeln; allenfalls intrigieren sie im Hintergrund, nun aber als einfaches Mitglied.

Seine Mitarbeiter kann ein narzißtischer Chef nur fördern, solange sie Ausführende bleiben. Eigene Ideen sollten sie nicht haben, sie sollen nur die Ideen des Chefs weiterentwickeln. Treten sie eine neue Arbeitsstelle außerhalb seines Wirkungskreises an, sollen sie am neuen Arbeitsplatz das verwirklichen, was sie von ihm übernommen haben. Er gibt ihnen Aufträge mit. Solange sie sich als seine Schüler bezeichnen und sich entsprechend verhalten, bleibt er ihnen gewogen; beginnen sie Anderes und Neues, bekämpft er sie.

Ein Lehrer-Schüler-Verhältnis im Sinne einer Ganzobjektbeziehung, zu der auch Dankbarkeit gehört, ist meist nicht zustandegekommen. Die ehemaligen "Schüler" spüren, daß sie nie Meister werden sollten und daß sie nicht als Ganzobjekte wahrgenommen wurden. Für den Chef waren sie nur ein Bündel von Funktionen. Das schließt nicht aus, daß ein narzißtischer Chef sich "sozial" verhält; er tut dies aber, um die Produktivität zu steigern, nicht aus einem persönlichen Interesse an den Mitarbeitern.

Am Ende seines Lebens bleiben ihm in seinem Berufsfeld nur Menschen verbunden, die nicht eigenständig werden konnten, was er natürlich wahrnimmt. Deshalb verachtet er sie. Eigentlich ist er allein, nämlich ohne adäquate Partner. Darunter leidet er. Manchmal hat er noch Beziehungen zu Menschen, die nicht im gleichen Bereich arbeiten oder gearbeitet haben und deren Entwicklung er nicht gehemmt hat. Auch zu ihnen hat er keine Ganzobjektbeziehung, es gelingt ihm aber manchmal, den Anschein einer Ganzobjektbeziehung zu erwecken, wofür er wieder seine oft gut entwickelten sozialen Kompetenzen einsetzt. Manche narzißtischen Menschen merken am Ende ihres Lebens, daß ihnen in Beziehungen etwas fehlt, wenn sie nämlich damit konfrontiert sind, daß an ihnen kaum noch jemand Interesse hat. Wenn sie dann nicht nur die anderen für das Fehlende verantwortlich machen, versuchen sie einen anderen Umgang mit Menschen, indem sie das Verhalten von Personen, die Ganzobjektsbeziehungen haben, nachzuahmen versuchen. Ihre Bemühungen wirken dann seltsam unbeholfen.

Narzißtisch strukturierte Menschen finden, wenn sie im Alter vereinsamen, meist weniger Mitgefühl als andere Einsame. Wenige Menschen in ihrer Umgebung verstehen, warum ein Mensch solch eingeschränkte Beziehungen haben kann und welche Einflüsse in seiner Kindheit dazu geführt haben mögen, daß er so werden mußte, wie er ist.

Die schizoide Struktur in Institutionen

Da sich der *Schizoide* in seiner Arbeit sehr einsetzen kann, um den idealen Anforderungen Genüge zu tun, die er an sich selbst stellt oder die er auf seine Vorgesetzten projiziert, erreicht er oft viel. Bei seiner Arbeit helfen ihm ein meist gut entwickeltes Abstraktionsvermögen und ein Sinn für große Zusammenhänge; ist er zwanghaft genug, um die Details dabei nicht zu sehr zu vernachlässigen, erreicht seine Arbeit rasch ein beachtliches Niveau. Durch Schwierigkeiten im persönlichen Umgang kann sein Aufstieg gebremst werden. Erkennt er diese Schwierigkeiten und geht er mit ihnen durch Distanzierung um, wird er zwar nicht beliebt, aber als Mitarbeiter wohlgelitten sein. Ein idealisierter Chef, der Idealisierung braucht, wird ihn fördern und davon ausgehen, daß sich die interpersonelle Kompetenz mit der Zeit noch verbessern wird. Viele Schizoide haben auch schizoiden Charme aufzuweisen, der in einer naiven Freundlichkeit besteht, die aber oft auf einer gut verborgenen Geringschätzung basiert: die anderen haben eben nicht die gleichen hohen Ideale wie der Schizoide selbst, und solche Menschen muß es auch geben. Bei Bewerbungen fasziniert der Schizoide durch sein Engagement; Auswahlkommissionen erwarten, daß er sich in seiner Arbeit sehr einsetzen wird, und behalten meist recht. Problematisch ist allerdings oft sein Umgang mit den Mitarbeitern.

Wagt sich der zurückhaltende Schizoide in eine Beziehung, wählt er sich oft Menschen aus, bei denen er Ähnlichkeiten zu sich selbst spürt. Diese Menschen fühlen sich von ihm oft gut verstanden. Besteht die Ähnlichkeit aber nur in seiner Phantasie und nicht in der Wirklichkeit des anderen, kann er sich plötzlich mit intimen Gedanken und Gefühlen offenbaren, die der andere nicht versteht und zurückweist. Verhält ein Chef sich so, kann das seine Mitarbeiter erschrecken und befremden.

Besteht die Ähnlichkeit wirklich, kann es zur Überschätzung von Mitarbeitern kommen, nach dem Prinzip: Wenn bei ihm, wie bei mir, die Eigenschaften a und b vorhanden sind, müssen, wie bei mir, auch c und d vorhanden sein.

Die grundverschiedene Behandlung von Mitarbeitern, die von ihm als Genies oder aber als nützliche Trottel oder schlicht als Trottel eingeschätzt werden, schafft Spannungen mit dem Chef und unter den Mitarbeitern selbst. Die Mitarbeiter sind sich unsicher darüber, wie man nun sein muß, um vom Chef akzeptiert zu werden, weil die Kriterien nicht klar sind, nach denen sich der Chef richtet. Einige sind nur in dessen Phantasie erfüllt; Merkmale, die er wahrzunehmen meint, sind anderen nicht erkennbar; andere sind es vielleicht, der Chef nimmt sie aber übersteigert wahr. Manchmal behält er allerdings mit seiner Einschätzung recht, weil er durch die Oberfläche von Mitarbeitern "hindurchgeblickt" hat.

Im Unterschied zum narzißtischen Chef hält der schizoide an seiner hohen Einschätzung mancher Mitarbeiter fest, auch wenn sie Mißerfolge haben - sein Urteil bleibt. Das ist für diese Mitarbeiter günstig, wenn die positive Einschätzung im wesentlichen stimmt, nicht aber dann, wenn sie überschätzt werden und ihnen eigentlich ein Lernen am Mißerfolg, der auch vom Chef als Mißerfolg gesehen wird, gut täte zur Verbesserung ihrer Kompetenz oder als Motivation zum rechtzeitigen Berufswechsel.

Der einzelne Kranke spielt für den schizoiden Chef einer klinischen Einrichtung eine geringe Rolle, auch wenn er das Gegenteil sagt. Das muß so sein, weil für ihn der einzelne Mensch nicht viel zählt; wichtig ist die Menschheit.

Im Kontrast zum Depressiven fördert er die Forschung in einer Klinik und mutet den Patienten dann oft zuviel zu. Er kann sich auch für ein bestimmtes Problem oder ein bestimmtes Krankheitsbild so sehr interessieren, daß er Patienten mit anderen Krankheitsbildern vernachlässigt oder aber, besonders in Psychofächern mit "weicher" Diagnostik, ein bestimmtes Krankheitsbild oder eine bestimmte Problematik auch bei Patienten sieht, die sie nicht haben. Das gilt besonders, wenn eine bestimmte Problematik mit seiner eigenen in Zusammenhang steht. Das dem eigenen Entsprechende wird projiziert; was dagegenspricht, wird ausgeblendet. So etwas kommt auch bei anderen Strukturen vor, beim Schizoiden erreicht es aber höhere Ausmaße.

Schizoide haben absolute Ansprüche nicht nur an die Qualität wissenschaftlicher Arbeit, sondern auch an die ethische Grundeinstellung des Arztes. Absolut heißt: die Maßstäbe berücksichtigen zu wenig die besondere, je individuelle Situation eines Patienten. So werden radikale Einstellungen gegenüber dem Schwangerschaftsabbruch vertreten: uneingeschränkt dafür oder uneingeschränkt dagegen. Daß jeder Fall anders gelagert ist, wird dabei übersehen. Auch hier sieht der Schizoide die Bäume vor lauter Wald nicht. Unter solchen Einstellungen leiden nicht nur die Patienten einer Klinik, sondern auch die Ärzte und das übrige Personal - wenn es dem Chef nicht gelingt, seine Mitarbeiter zu fanatisieren. Dann leiden nur die Patienten.

Der Abschied von einer Institution, die er geleitet hat, fällt dem schizoiden Chef leichter als anderen, weil er sich der Wissenschaft oder, im Falle eines Klinikers, auch dem Arzttum weiter verbunden fühlt und diese als abstrakte, für ihn aber als Abstraktum *reale* Größen behält.

Seine Mitarbeiter, die leitende Stellungen übernommen haben, sieht er als Diener der Wissenschaft und der Patienten. Bei ihrer Arbeit unterstützt er sie, wenn sie seine hohen Standards weiter vertreten. Seinen Nachfolger läßt er meist in Ruhe; er selbst hat gedient und seine Aufgabe erfüllt.

Oft beschäftigt er sich noch mit ärztlicher Ethik oder allgemeinen Tagesfragen, zu denen er aus der Distanz des Alters manchmal noch Lesenswertes zu berichten weiß. Auf Kongressen sitzt er stumm und hört zu; ein Kongreß ist für ihn wie eine

Art religiöser Zeremonie, an der er, nunmehr im zweiten Glied, ebenso teilhaben kann wie alle anderen. Freunde, bei denen seine Projektionen nicht durch die Realität widerlegt wurden, behält er bis ins hohe Alter.

Die depressive Struktur in Institutionen

Rein *depressive* Chefs sind an der Universität eher selten. Das hängt mit dem Initiativemangel Depressiver zusammen. Sie empfinden wenig Funktionslust, weil ihnen die autochthonen Impulse fehlen; ihr Handeln wird mehr vom Über-Ich angeordnet als vom Ich initiiert. Deshalb strengt Arbeit sie mehr an als andere und an der Anstrengung, nicht am Ergebnis, messen sie ihre Arbeitsleistung. Das bedingt eine geringe Produktivität. In klinischen Fächern verausgaben sie sich in der Versorgung. Zeit, die sie für wissenschaftliche Arbeit aufwenden würden, glauben sie den Patienten "wegnehmen" zu müssen. Die Vorstellung, daß durch eine Publikation der eigenen Erfahrungen für Patienten Gutes gestiftet werden kann, liegt ihnen eher fern, weil sie sich vor allem für Menschen einsetzen, mit denen sie es unmittelbar zu tun haben: Die Objekte, die unmittelbar Ansprüche an sie stellen, sind wichtig und müssen in ihren Ansprüchen befriedigt werden. Patienten in einem anderen Krankenhaus stellen keine unmittelbaren Ansprüche an sie. Schon Arztbriefe sind ihnen weniger wichtig als die unmittelbare Versorgung, obwohl die Zukunft eines Patienten von einem rechtzeitig diktierten und abgesandten Arztbrief abhängen kann.

Werden Depressive doch Chef, verausgaben sie sich weiter in der Versorgung und erwarten auch von ihren Mitarbeitern, daß sie das tun. So kommt es zu Überlastungen. Die Institution ist wissenschaftlich unproduktiv, weil wenig Zeit bleibt, wissenschaftlich zu arbeiten, und weil die Wissenschaft eben in den Augen des Chefs einen geringen Stellenwert hat. Andererseits befiehlt dem Depressiven sein Gewissen, alle Erwartungen zu erfüllen, die an ihn gestellt werden. Wissenschaftliche Arbeit gehört dazu; Mitarbeiter sind ja auch darauf angewiesen, um beruflich weiterzukommen. Forschung wird dann betrieben, weil sie sein muß, aber auf eine freudlose Art und Weise. Andererseits kann das hohe Ansehen der Versorgung für die Patienten günstig sein; nicht nur, weil viel für die Patienten getan wird, sondern auch, weil sich die Patienten als Menschen ernst und wichtig genommen fühlen. Dabei kann es aber vorkommen, daß ein depressiver Chef zu wenig darauf achtet, Maßnahmen durchzusetzen, die Patienten vorderhand frustrieren, zu ihrer Gesundung aber nötig sind, zum Beispiel diätetische Einschränkungen oder die zeitliche Begrenzung psychotherapeutischer Gespräche. Ein depressiver Arzt kann es oft schwer verkraften, daß die Patienten gesund werden und sich dann von ihm trennen. Ihre Stärken haben depressive Therapeuten bei der Betreuung unheilbar Kranker, für die menschliches Mitgefühl oft wichtiger ist als medizinische Maßnahmen. Für viele Patienten ist es auch von Vorteil, wenn der Arzt ihre Lebensqualität höher schätzt als seine eigene; hier kann der Abwehrmechanismus der altruistischen Abtretung segensreich wirken. Andererseits erwarten depressive Ärzte aber Dankbarkeit, wo sie sich damit zufriedengeben sollten, daß es den Patienten besser geht.

Nach allem bisher Gesagten leuchtet es ein, daß depressive Chefs im außermedizinischen Bereich, aber auch in theoretischen medizinischen Fächern, wo die unmittelbare Versorgung keine große Rolle spielt, noch seltener sind als im klinischen Bereich; was ihre Stärke ist, können sie nicht einsetzen. Dagegen sollte wohl jeder Arzt, der in der Krankenversorgung arbeitet, einen Schuß Depressivität haben.

Ebenfalls geht aus dem Gesagten hervor, daß die Schüler depressiver Chefs wenig Chancen haben, selbst in leitende Stellungen zu gelangen, soweit das von der wissenschaftlichen Leistung abhängt. Depressive Chefs setzen sich aber sehr für ihre Mitarbeiter ein; in Fächern, wo eine Habilitation noch nicht Voraussetzung ist, um zum Beispiel eine Krankenhausabteilung zu übernehmen, können sie ihre Mitarbeiter auch unterbringen, oft über gute persönliche Beziehungen. Sie stehen ihnen dann weiter mit Rat und Tat zur Seite und freuen sich, wenn sie sich dankbar zeigen. Eine endgültige Trennung verkraften sie schwer. Depressive Chefs fördern aber vor allem depressive Mitarbeiter, und diese haben von sich aus wenig Neigung dazu, die Beziehung zu beenden.

Den Abschied aus der Institution kann ein depressiver Chef schwer verkraften. Da er den Sinn seines Lebens darin gesehen hat, für andere da zu sein, fehlen ihm die Menschen, für die er da war. Im günstigsten Falle findet er noch ein versorgungsnahes ehrenamtliches Tätigkeitsfeld, zum Beispiel in der Sozialpolitik, das ihm möglichst auch Kontakt zu den Menschen verschaffen soll, die versorgt werden.

Die zwanghafte Struktur in Institutionen

Zwanghafte werden im allgemeinen nur dann Chef, wenn ihre Ambivalenzen nicht zu erheblichen Entscheidungsschwierigkeiten führen und wenn sie in ihrer Arbeit nicht so pedantisch sind, daß ihre Produktivität darunter leidet. Deshalb findet man unter den Chefs selten extreme Zwangsstrukturen.

Kommt ein zwanghafter Chef neu irgendwohin, wird er sich vorher ein Konzept machen, wie die Institution, der er vorstehen soll, zu leiten sei. Die Dinge zunächst einmal laufen zu lassen, "um den Laden kennenzulernen", liegt ihm nicht. Ein Konzept gibt ihm Sicherheit. Paßt das Konzept nicht auf die Institution, weil die Verhältnisse anders liegen, als er es sich vorgestellt hat, wird er versuchen, das Konzept dennoch durchzusetzen. Kompetente Mitarbeiter, die andere Vorstellungen haben als er, wird er entlassen. Es darf nur eine Auffassung davon existieren, wie die Institution zu leiten sei. Dabei läßt er durchaus auch Freiräume, wenn er das so eingeplant hat. ("In meiner Klinik kann ein jeder machen, was ich will.")

Der Zwanghafte kann sich aber auch als Ordnender begreifen. Nicht alles muß dann von ihm ausgehen. Hat ein Mitarbeiter neue Ideen, wird er diese Ideen verwenden oder ihre Weiterentwicklung durch den fördern, der sie aufgebracht hat, wenn sie in sein Ordnungsschema passen. Passen sie nicht, lehnt er sie ab ("Damit können Sie sich an einem Zirkus habilitieren, nicht an meiner Klinik"). Da Chaos ihn fasziniert, obwohl er es bekämpft, kann er schon einmal sogenannte "mavericks" tolerieren; er versucht aber, sie zu erziehen. Daraus kann sich fruchtbare Zusammenarbeit entwickeln. Während Institutionen, die von narzißtischen Persönlichkeiten geleitet werden, oft seltsam steril anmuten (alles Generative muß vom Leiter ausgehen, sonstige Generativität wird unterdrückt), kann sich in einer Institution, die von einem Zwanghaften geleitet wird, Generativität multilokulär entfalten, sofern bei ihrer Umsetzung gewisse Vorgehensweisen eingehalten werden. Für die damit verbundenen Begrenzungen sind "Chaoten" oft dankbar, weil sie spüren, daß ihnen Ordnendes fehlt. Wir haben hier ähnliche Verhältnisse wie bei der privaten Partnerwahl: Hysterische und Zwanghafte finden sich zusammen.

Hysterisches Chaos und zwanghaftes Ordnungsstreben dürfen ein gewisses Maß nicht überschreiten. Kommt es zu ernsten Konflikten des zwanghaften Chefs mit seinen Mitarbeitern, werden sie von ihm oft nicht im zentralen Bereich ausgetragen, weil eine Auseinandersetzung dort schwer übersehbare Folgen haben könnte. Der Chef mäkelt an Kleinigkeiten herum, so daß der betreffende Mitarbeiter den Eindruck bekommt, der Chef wolle ihn "mit Kleinigkeiten fertigmachen". Das kann ein zwanghafter Chef auch bewußt tun; oft merkt er aber selbst den Zusammenhang mit einem anderen Konflikt nicht, den er beigelegt und schon "vergessen" glaubt, in Wahrheit ist der aber nur verdrängt. In der Verschiebung auf das Kleinste wird er in ein Feld verlagert, wo der Chef sich sicher fühlt: ob Kleinigkeiten in Ordnung sind oder nicht, läßt sich meist nach einfachen Kriterien unterscheiden; ob die festgelegte Frist, wann ein Arztbrief diktiert sein muß, überschritten ist, läßt sich schwer diskutieren. *Diskutieren* - und mit unvorhersehbarem Ergebnis - könnte man aber über die Leitungsstruktur einer Klinik, ihre Aufnahmepolitik, ihre Personalpolitik und so weiter.

Die Macht eines Chefs endet nicht an den Grenzen seiner Institution. Zwanghafte Chefs verwenden oft viel Zeit und Energie darauf, ihren Machtbereich auszudehnen - entweder in den übergeordneten Gremien eines Klinikums, einer Universität oder eines Faches, etwa in den Fachgesellschaften, oder durch Infiltration der Nachbargebiete ihres Faches. Ihre Macht und ihr Einfluß kommen dabei auch den eigenen Mitarbeitern zugute.

Ältere zwanghafte Chefs ziehen sich oft auf das Schreiben von Sammelreferaten zurück, etwa in Form von Handbuchartikeln, und bauen die Ergebnisse ihrer Mitarbeiter darin ein. Auf Kongressen lassen sie ihre Mitarbeiter auftreten und bleiben im Hintergrund. Gleichzeitig nimmt die Tendenz, Ordnung und Sicherheit besonders hoch zu bewerten, im Alter oft dysfunktional zu: Das Schema wird wichtiger als der Inhalt. Je mehr die eigenen Ideen versiegen, desto größer wird der Neid auf die Kreativität von Mitarbeitern, was dazu führen kann, daß deren Kreativität "aus Gründen der Ordnung" unterdrückt wird. Der alternde Zwanghafte zweifelt nicht nur an seiner generativen, sondern auch an seiner ordnenden Potenz; er fürchtet, das Neue nicht mehr integrieren und zusammenhalten zu können, und sieht es deshalb als Gefahr. Darum lehnt er Neues zunehmend ab. In Auseinandersetzungen mit den Mitarbeitern wirft er immer mehr seine Erfahrung und immer weniger seine Argumente in die Waagschale. Auf Kongressen lehnt er in der Diskussion Neues als falsch ab oder bezeichnet es als Wiederholung von Altem ("Was an Ihrem Vortrag neu ist, ist nicht gut und was gut ist, ist nicht neu"). Weil er Vollständigkeit hoch bewertet und mit zunehmendem Alter oft ein Interesse für die Geschichte seines Faches entwickelt, also für einen Bereich, der sich mit Vergangenem und damit Unveränderlichem befaßt, verfügt er oft über eine gründliche Kenntnis auch der älteren Literatur und hat deshalb nicht selten recht, wenn er auf frühere Befunde verweist, die ein jüngerer Kollege nicht berücksichtigt hat. Allerdings blendet er dabei aus, was wirklich neu und gut ist.

Zu seinen Mitarbeitern hat er eine Ganzobjektbeziehung. Er interessiert sich für ihr persönliches Wohlergehen, und wenn sie seine Institution verlassen, um eine selbständige Aufgabe zu übernehmen, fördert er sie weiter. Allerdings erwartet er von ihnen, daß sie seinen Machtinteressen dienen, und gerät mit ihnen in Konflikt, wenn sie das nicht tun, etwa weil sie eine andere Position beziehen, die er dann nicht billigen kann - er tut sich schwer damit, einzusehen, daß unterschiedliche Perspektiven zu unterschiedlichen Befunden und dann unterschiedlichen Auffassungen führen. Es kann nur eine richtige Auffassung geben. Grundpositionen, die sich von seinen unterscheiden, könnten, wie er meint, zu einem Chaos führen.

Mitarbeiter, die wichtiges Formales von ihm gelernt haben, bleiben ihm dennoch dankbar und akzeptieren die zunehmende Starre ihres Chefs als natürliche Alterserscheinung - wenn sie seinem Einfluß schon weitgehend entzogen sind. Sonst wehren sie sich, oder sie unterwerfen sich oder gehen aus dem Feld, wenn sie sich zu schwach fühlen, einen Kampf aufzunehmen.

Die phobische Struktur in Institutionen

Phobisch strukturierte Menschen kommen selten in Chefpositionen, auch wenn sie diese bewußt anstreben. Unbewußt vermeiden sie oft eine Beförderung; sie fühlen sich wohler als Zweite; der Erste ist ihr steuerndes Objekt. Da sie aber oft gute Zweite sind, erreichen sie doch Positionen, für die eine Bewerbung um eine Chefposition den natürlichen Schritt darstellt. Bei Bewerbungen machen sie oft den Eindruck, gut kooperieren und sich vorhandenen Strukturen gut anpassen zu können, und gefallen so einem Auswahlgremium, das jemanden sucht, der voraussichtlich keine Schwierigkeiten machen wird. Oft geht dem phobischen Bewerber schon der Ruf voran, gut zu kooperieren. Er wird darin von seinem Chef empfohlen, wenn das Motiv, seinem Mitarbeiter eine gute Position zu verschaffen, stärker ist als das Motiv, ihn als angenehmen Mitarbeiter zu behalten.

An ihrer neuen Arbeitsstelle kommen solche phobisch strukturierten Chefs gut zurecht, denen es gelingt, die Institution und, im Falle einer universitären Einrichtung, die ganze Universität mit ihren verschiedenen Gremien zu einem steuernden Objekt zu machen. Daß sie nicht mehr von einer Person, sondern von vielen Menschen und deshalb von keinem einzelnen allein abhängig sind, bedeutet Sicherheit, ohne allzusehr einzuengen: Wenn der phobische Chef es sich mit einem verdirbt, sind noch andere da. Am schwersten tun sich Phobiker in einer klinischen Institution, wo folgenreiche Entscheidungen rasch getroffen werden müssen, wie zum Beispiel in der Chirurgie. Es ist beim Phobiker nicht so, daß er sich zwischen mehreren Alternativen nicht entscheiden kann wie der Zwanghafte, der deshalb in den operativen Fächern meist auch keine Spitzenposition erreicht, er braucht aber das Bewußtsein, daß noch jemand da ist, den er fragen könnte, wenn er wollte. Eine Situation ohne Chef hat er kennengelernt, wenn er den Chef vertreten mußte; dann war die Zeit der Verantwortung aber begrenzt, ihr Ende abzusehen. Aus Universitätskliniken werden auch solche Oberärzte an Krankenhäuser berufen, die nicht leitende Oberärzte und deshalb auch nicht Chefvertreter waren. Handelt es sich um Phobiker, kann der Schritt in die Endverantwortung zu groß sein.

So kann es passieren, daß ein phobischer Chef sich in seinen Entscheidungen plötzlich viel zögernder darstellt als in seinem alten Wirkungskreis. Wenn er allerdings über die notwendigen Fachkompetenzen verfügt, kann sich das Problem mit der Zeit geben. Manche Chefs fragen vor wichtigen Entscheidungen auch ihre Mitarbeiter, was gegenüber einsamen Entscheidungen auch den Vorteil hat, daß der Leistungsvorteil einer Gruppe hinzukommt; allerdings bleibt zu Konsultationen nicht immer die Zeit.

Da ein jeder Phobiker auch den Wunsch hat, selbst das steuernde Objekt für andere zu sein, kann er als Chef zu seinen Mitarbeitern eine entsprechende Beziehung suchen. Dabei kann er sich als ängstlich-einengend erweisen, oder aber als kontraphobisch überfordernd, und das selbst dann, wenn der kontraphobische Umgang mit den phobischen Ängsten sonst nicht so sehr im Vordergrund stand. Hatte er eine Mutter, die Entwicklungsschritte erwartete, ohne die entsprechenden Entwicklungsmöglichkeiten in der Interaktion mit ihr zur Verfügung zu stellen, wird er sich ähnlich verhalten - oder aber, wenn er dieses Verhalten seiner Mutter ablehnt, infantilisierend, indem er den Mitarbeiter gängelt und ihm wieder nicht genug Freiraum läßt, um durch Versuch und Irrtum zu lernen, soweit das eben in einem klinischen Betrieb verantwortet werden kann; in der Forschung gibt es da mehr Freiräume.

Manche phobische Chefs ziehen sich eine Pluralität steuernder Objekte in der eigenen Klinik heran, indem sie es fördern, daß verschiedene Mitarbeiter sich im Rahmen des Faches spezialisieren, so daß der Chef sie ohne Gesichtsverlust um Rat fragen kann. So ein Chef kann dann scherzend sagen: "Der einzige, der hier nichts kann, bin ich". Wenn er den Überblick über das Ganze behält, kann er seine Cheffunktion dennoch ausüben und wegen seiner demokratischen Einstellung und persönlichen Bescheidenheit beliebt sein.

Ein solcher Chef kann dann auch neue Ideen haben und sie mit seinen Mitarbeitern zusammen umsetzen. Die Mitarbeiter passen schon auf, daß er keinen Unsinn macht. Über die Grenzen seiner Institution greift er selten hinaus. Er ist kein Oberflächenbesiedler, sondern eher ein Tiefenbohrer: er bohrt in seinem gesicherten Bereich. Kooperationsangebote nimmt er aber an.

Die Beziehung zum steuernden Objekt ist für sich betrachtet keine Ganzobjektbeziehung, mit einer Ganzobjektbeziehung aber vereinbar. Deshalb kann sich ein phobischer Chef für seine Mitarbeiter als Personen interessieren und ihr Wohl im Auge haben. Wird ein wichtiger Mitarbeiter wegberufen, kann ihm das angst machen; er wird dann versuchen, den Mitarbeiter zu halten und ihm dabei vielleicht Versprechungen machen, die er nicht einhalten kann. Das weitere Ergehen seiner Mitarbeiter betrachtet der phobische Chef oft mit einer gewissen Besorgnis - "ob er wohl allein zurechtkommen wird?", er erwartet aber nicht mehr viel von ihm, wenn er ihn einmal als Ratgeber verloren hat. Den

Abschied von der Institution sieht er mit Sorge; es ist die Besorgnis, ohne eine Tätigkeit, die seinen Tag strukturiert, nicht zurechtzukommen. Für die Zeit nach seiner Pensionierung plant er ein neues Tätigkeitsfeld, das seinem Tagesablauf Struktur geben soll; oft fährt er viel auf Kongresse oder läßt sich zu Vorträgen einladen, manchmal betätigt er sich in der Fortbildung von Ärzten oder medizinischem Personal.

Die hysterische Struktur in Institutionen

In Chefpositionen kommen hysterisch strukturierte Menschen an einer Universität vor allem dann, wenn ein neues Fach sich zu etablieren beginnt. Sie fangen lieber etwas an, als daß sie etwas weiterführen. Das Traditionelle stößt sie ab. In der Pionierzeit eines Faches wird auch eher erwartet, daß etwas initiiert, als daß etwas gesichert wird. Was sie weniger gut können, wird so auch weniger verlangt. Es gibt noch wenig Routine, man stößt dauernd auf Neues und Unerwartetes. Hier ist Flexibilität gefordert, man muß sich auf das Neue rasch einstellen können. Handelt es sich um ein klinisches Fach, wird wissenschaftliche Produktivität in einer von der wissenschaftlichen Kommunität erwarteten Form noch nicht gefordert. Der Chef und seine Mitarbeiter sind ja mit dem Aufbau der Versorgung beschäftigt. Erfahrungen, die dabei gesammelt werden, kann man in Vorträgen weitergeben; wenn nicht genügend Zeit zu bleiben scheint, die Vorträge druckfertig auszuarbeiten, ist das aus der Situation heraus verständlich.

Hysterische Chefs ziehen oft zwanghafte Mitarbeiter an, die von deren Spontaneität - etwas, was ihnen fehlt - fasziniert sind, und die dann das tun, was der Chef nicht so gut kann und woran er nicht so viel Interesse hat. Das führt manchmal zu fruchtbaren Kooperationsbeziehungen, ähnlich wie bei einem zwanghaften Chef mit hysterischen Mitarbeitern. Allerdings wird die Funktionsfähigkeit der Einrichtung als ganzer dann oft durch den Chef beeinträchtigt, der immer neue Ideen hat, sie zur Ausführung den Mitarbeitern überläßt und ungeduldig wird, wenn die Ergebnisse nicht rasch genug geliefert werden. Ein hysterischer Chef unterschätzt leicht den erforderlichen Zeitaufwand.

Andererseits kann ein hysterischer Chef seine Mitarbeiter auch begeistern und mitreißen. Sieht er ein, was ihm fehlt, kann er sich durch seine Mitarbeiter "erziehen" lassen. Da er selbst viele Ideen hat, die auch deshalb so zahlreich sein können, weil er sich um ihre reale Umsetzung nicht im einzelnen kümmert, so daß er viel Zeit übrigbehält, um über Neues nachzudenken, kommen die Ideen der Mitarbeiter oft zu kurz, ähnlich wie bei einem narzißtischem Chef, wenn auch aus anderen Gründen. Mitarbeiter mit eigenen Ideen, die zunächst auf viel Freiheit und Flexibilität in der Institution hofften, verlassen diese, weil die Freiheit vom Chef beansprucht, den Mitarbeitern aber nicht gegeben wird: Sie müssen ja die Ideen des Chefs umsetzen. Geht es in der Institution zu chaotisch zu, wobei das Chaos vom Chef ausgeht, der seine Vorstellungen, wie die Institution laufen soll, häufig ändert, wird immer wieder ein neuer Organisationsplan erstellt, der aber nicht funktioniert, weil er nicht genügend durchdacht und oft auch zu restriktiv ist ("Jetzt muß ich andere Saiten aufziehen").

Weil der hysterische Chef in seiner Institution der potenteste Mann sein möchte und die Konkurrenz anderer Männer fürchtet, umgibt er sich gern mit weiblichen Mitarbeiterinnen, die seine Potenz bewundern. Potente Männer versucht er loszuwerden, wenn sie ihm in ihrer Entwicklung nahekommen. Er kann sie wegloben, oft ohne daß sie den Aufgaben, für die er sie empfiehlt, schon gewachsen wären, oder er gerät mit ihnen in Streit, wobei die Mitarbeiter naturgemäß den kürzeren ziehen. Ähnliche Probleme hat er mit phallisch fixierten Frauen.

An einer Institution, die von einem hysterischen Chef geleitet wird, kommt es zu häufigem Wechsel des Personals, wobei viele im Streit gehen. Ist es einem hysterischen Chef gelungen, einen Mitarbeiter in eine gute Außenposition zu bringen, in der er sich bewährt, genügt ihm das als Beweis seiner Potenz; er hat dann wenig Ansprüche an ihn, außer daß er von ihm vielleicht zu Vorträgen eingeladen werden will, die ihm Gelegenheit geben, seine eigene Potenz darzustellen und zu beweisen, daß er doch noch der Potentere ist. Mit zunehmendem Alter kann er sich aber an der Potenz seiner Schüler freuen; manchmal zieht er sich dann in die Position des "liebenswerten Chaoten" zurück. Auf Kongressen macht er ebenso witzige wie unpassende Bemerkungen.

Passiv-feminine Männer können es bei ihm lange aushalten; sie verkümmern dann. Besonders ungünstig scheint eine *Kombination hysterischer mit narzißtischen Strukturanteilen* zu sein, weil ein Teil der Auswirkungen auf die Institution und besonders eben auf deren Mitarbeiter ähnlich sind, wobei es sich deletär auswirken kann, daß die narzißtischen Strukturanteile ein Entstehen von Ganzobjektbeziehungen verhindern und ein solcher Chef mehr als ein rein hysterischer Menschen manipuliert, ohne sie wirklich als Personen wahrzunehmen. Wahrscheinlich sind Charakterstrukturen, die sowohl *hysterische* als auch *zwanghafte* Anteile haben, mit einem Schuß *Depressivität,* als Chefs noch am besten geeignet.

Charakterstruktur und Alter

Die zentralen Beziehungswünsche eines Menschen bleiben vom Ende der ödipalen Entwicklungsphase an im wesentlichen die gleichen. Ihre Intensität und ihre Ausformungen verändern sich aber. Dazu tragen Veränderungen im Kräfteverhältnis der basalen Beziehungswünsche bei. Unter basalen Beziehungswünschen verstehe ich die Wünsche nach *Umgang mit Vertrautem und mit Neuem*. Nach der ödipalen Phase erreicht der Wunsch, Neues kennenzulernen, in der Adoleszenz einen Höhepunkt (BISCHOF 1985), um dann mit zunehmendem Alter abzunehmen. Der Wunsch, Vertrautes wiederzufinden, tritt in den Vordergrund.

Die basalen Beziehungswünsche findet man schon bei Tieren (BISCHOF 1985). Sie werden durch biologische Einflüsse im Alterungsprozeß und durch Einflüsse der Umgebung in ihrer Stärke beeinflußt, aber auch in der Art, wie sie sich manifestieren.

Der Rückzug von Neuem kann auch auf Resignation beruhen. Dem alten Menschen wird Neues manchmal vorenthalten, weil man von einem Stereotyp des alten Menschen ausgeht, zu dem das Ablehnen von Neuem gehört. Man will den alten Menschen schonen, indem man ihn nicht mit Neuem konfrontiert, oder man fürchtet, er könnte Neuerungen verhindern wollen oder sie zumindest entwertend beurteilen. Manche Kinder hängen moderne Bilder ab, wenn die Eltern kommen, und ersetzen sie durch Bilder, die ihnen die Eltern einmal geschenkt haben.

Daß er Neues ablehnt und Neuerungen zu verhindern sucht, muß aber nicht auf jeden alten Menschen zutreffen; vor allem dann nicht, wenn er primär neugierig war und sein Beruf ihn ständig mit Neuem in Berührung bringt, so daß er länger als andere die Fähigkeit behält, Neues zu integrieren.

Universitätslehrer zum Beispiel sind meist von Haus aus neugierig. Das war mit ein Grund, warum sie in die Forschung gingen. Sie müssen sich in ihrem Fach auf dem laufenden halten und gehen viel mit neugierigen jungen Leuten um, deren Fragen sie beantworten müssen. Das hält sie "jung". Deshalb können sie sich, wenn sie älter werden, mit Neuem meist auch außerhalb ihres Faches angstfreier und leichter beschäftigen als ein alter Mensch, der von vornherein die Sicherheit des Vertrauten dem Reiz des Neuen vorgezogen hat, der deshalb auch einen Beruf wählte, der ihn wenig mit Neuentwicklungen konfrontierte, und der vorwiegend mit Gleichaltrigen oder noch Älteren umgeht. Irgendwann werden freilich auch die Hochschullehrer von der Biologie eingeholt.

Der Charakter eines Menschen und seine Umwelt beeinflussen sich gegenseitig. Auch von seiner Charakterstruktur hängt es ab, welche Umwelt ein Mensch sich schafft; umgekehrt beeinflußt die Umwelt die Weiterentwicklungen seines Charakters.

Über das Alter ließe sich viel schreiben; im Rahmen dieses Buches will ich aber nur auf Veränderungen in der Ausformung des Charakters eingehen, die sich im letzten Lebensabschnitt mit einer gewissen Regelmäßigkeit finden lassen. Im Kapitel *Charakterstrukturen in Institutionen* bin ich schon auf einige Aspekte des Alterns eingegangen, besonders auf dem Umgang mit einem Verlust des gewohnten Arbeitsfeldes. Hier möchte ich noch einmal zusammenfassen und einiges ergänzen, vor allem was die privaten Beziehungen angeht.

Der *Schizoide* bewegt sich mehr im Bereiche der Gedanken und Phantasien, die er sich über Menschen und Institutionen macht, als in deren Realität. Wenn er sein reales Arbeitsfeld verliert, wird ihm deshalb weniger genommen als anderen. Er behält die inneren Bilder, die er aus den Abbildern der Realität abstrahiert hat. Mit den Arbeitskollegen fühlt er sich noch durch die Zugehörigkeit zum gleichen Fach verbunden. Oft ist er auch der Natur in einer besonderen Weise verbunden, er behält sie als bergendes Globalobjekt.

Ist es dem schizoiden Mann gelungen, eine Partnerin zu finden, mit der er sich auf gleicher Wellenlänge versteht, stabilisiert ihn das auch. Allerdings wird er unter Umständen fremdgehen, oder er wird eine platonische Beziehung zu einer jüngeren Frau anfangen, oft einer früheren Schülerin im engeren oder weiteren Sinn. Er liebt weniger seine Frau als Frauen an sich, eine Idee von Frau. Als neue Partnerinnen kommen Frauen in Frage, die diese Idee verkörpern oder die ihm Anlaß geben, zu phantasieren, daß sie das tun. Für schizoide Frauen gilt Entsprechendes, nur daß die Möglichkeiten des Fremdgehens im Alter eingeschränkter sind. Es bleibt die Möglichkeit, Jugend zu fördern, wobei besonders die verschiedenen Formen der Begabtenförderung attraktiv sind.

Der *narzißtisch Strukturierte* hat sein Arbeitsfeld als zu ihm untrennbar gehörig phantasiert, er erlebt es als Ausstülpung seines Selbst und fühlt sich wie amputiert und kaum lebensfähig, wenn es ihm genommen wird. Findet er keinen Ersatz, gerät er in eine Lebenskrise, die auch zu psychosomatischen Krankheitserscheinungen führen kann. Da die Leistungsfähigkeit im Alter abnimmt, klaffen Leistung und Größenphantasien mit zunehmendem Alter immer mehr auseinander. Das bewirkt, daß der narzißtisch Strukturierte verstärkt nach Bestätigung sucht und alles formal Bestätigende im sozialen Feld eisern festhält, auch wenn er die Leistungen nicht mehr erbringen kann, die eine Position von ihm fordert. Die anderen warten dann nur noch auf sein endliches, durch die festgelegten Zeitbegrenzungen in einer Institution bewirktes Ausscheiden oder, wenn solche Begrenzungen nicht vorhanden sind, auf eine günstige Gelegenheit, ihn hinauszukomplimentieren.

Oft sucht der narzißtisch Strukturierte dann die Verbindung zu seinem Arbeitsfeld in einer Weise aufrechtzuerhalten, die seine ehemaligen Arbeitskollegen und seine Nachfolger stört.

Diese Lebenskrise des Alters kann in günstigen Fällen aber auch einen letzten Reifungsschub auslösen, der es ihm ermöglicht, die Grenzen seines Selbst neu zu bestimmen und diejenigen, die seine Arbeit fortführen, als selbständige Individuen ansehen zu lernen, die auch etwas von ihm bewahren, weil sie auf seiner Arbeit aufbauen.

Narzißtisch strukturierte Menschen haben oft bewundernde Partnerinnen oder Partner. Deren Bewunderung allein reicht ihnen aber meist nicht aus. Auch hing die Bewunderung oft mit der Position des Bewunderten im Beruf zusammen. Sie läßt also mit dem Verlust des Arbeitsfeldes nach. Das wirkt sich auf die Bedürfnisse nach narzißtischer Zufuhr bei beiden Partnern aus: der Bewunderte kann nicht mehr im gleichen Maße wie bisher am Glanz des Bewunderten teilhaben, der bisher Bewunderte leidet am Nachlassen der Bewunderung. Ist der Bewunderte der Mann, sucht er sich oft eine junge Partnerin, die seinen "Abstieg" nicht mitgemacht hat und das bewundert, was bleibt - die durch den früheren Beruf bedingte Stellung und materiellen Mittel.

Narzißtisch Strukturierte in untergeordneten Positionen können den Verlust ihres Arbeitsfeldes als Befreiung erleben. Ihre Tätigkeit hat sie immer wieder mit der Diskrepanz zwischen ihren Ansprüchen und dem konfrontiert, was aus ihnen geworden ist. Wenn sie sich innerlich schon vorher in intensive Freizeitbeschäftigungen zurückgezogen haben, bleibt ihnen ein Bereich, den sie unter Umständen weiter ausbauen können.

Der *Depressive* trennt sich von *Menschen,* wenn er sein Arbeitsfeld verläßt, nicht von Selbstanteilen oder Funktionsbündeln. Er kann es schwer ertragen, nicht mehr gebraucht zu werden und nicht mehr für andere da sein zu können. Auch hat er das Leben in der Identifikation mit anderen Menschen genossen, die ihm jetzt fehlen. So gerät er bei der Pensionierung oder Berentung oft in eine orale Versagungssituation. Manchmal versucht er, sich vermehrt um seine Verwandten und Freunde zu kümmern. Das ist denen aber nicht immer willkommen. Auch da hat er dann oft das Gefühl, nicht mehr gebraucht zu werden. Menschen, für die er sich aufopfern könnte, sind meist älter als er; er möchte sich aber mit jüngeren identifizieren können, die noch Zukunft für ihn darstellen. Im Unterschied zum Schizoiden kann er mit Phantasien und Ideen nicht viel anfangen, er braucht die konkreten Objekte. Viele alte Depressive vertragen die Einsamkeit des Alters schwer. Leben sie mit einer Partnerin oder einem Partner zusammen, wachsen die Ansprüche an emotionale Zuwendung und orale Versorgung an die Frau oder den Mann, ohne daß sie ein Äquivalent bieten können. Das erzeugt Unzufriedenheit auf beiden Seiten, die zu Ehekrisen führen kann. Meist bleiben die Partner zusammen, weil eine Trennung nicht verkraftet würde.

Der *Zwanghafte* erlebt den Verlust seines Arbeitsfeldes als *Entmachtung;* das gilt für den Zwanghaften in untergeordneten Positionen, sofern er noch jemanden unter sich hatte oder sonst Einfluß auf Menschen ausüben konnte. Er versucht dann oft, Macht im privaten Bereich auszuüben. Wenn das auf Widerstand stößt, wird er aggressiv und tyrannisch gegenüber seiner häuslichen Umwelt und herabsetzend kritisch gegenüber den Leuten, die seine Arbeit weiterführen. Wenn er Einfluß auf sie hat, kann er versuchen, sie zu entmachten oder zu entwerten. Das passiert besonders dann, wenn sie es anders machen als er. Weil er glaubt, nur er habe es richtig gemacht, wirkt er dann der

Vergangenheit noch verhafteter, als es seiner konservativen Grundeinstellung ohnehin entspricht. Deshalb erscheint er auch oft älter, als er ist.

Eine Partnerbeziehung kann in eine Krise geraten, wenn der Partner es nicht erträgt, tyrannisiert zu werden. Nur scheinbar paradoxerweise bleiben die Partner eher zusammen, wenn Streit schon vorher Bestandteil der Beziehung war, weil sie eine sadomasochistische Färbung hat. Die Beziehung kann dann sogar intensiver, wenn auch, von außen betrachtet, nicht erfreulicher werden.

Eine Gefahr für die Beziehung kann eine jüngere Frau darstellen, die dem Mann die Aufgabe stellt, sie zu bezwingen, zu "erziehen" und zu kontrollieren.

Der *phobisch Strukturierte* verliert mit seinem Arbeitsfeld ein steuerndes Objekt, gleich ob seine Position über- oder untergeordnet war. Meist hat aber auch die Partnerin eine steuernde Funktion. In dieser Funktion wird sie dann oft überlastet. Dem phobisch Strukturierten fällt es nach seiner Pensionierung oder Berentung oft schwer, den Tag zu strukturieren. Mit der Freiheit, die der Wegfall beruflicher Aufgaben bringt, kann er wenig anfangen; sie macht ihm angst. Er übernimmt deshalb gern neue Aufgaben, zum Beispiel in einem Verein. Dort ist er oft gern gesehen, weil er keine Führungsposition anstrebt und Erfahrungen zur Verfügung stellt. Jüngere Mitglieder des Vorstandes haben aber oft Probleme, einen älteren in ihren Reihen zu akzeptieren, der ihnen in manchem überlegen ist. Die beste Rolle ist dann die des "Elder Statesman", der für Sonderaufgaben eingesetzt werden kann.

Phobisch strukturierte Frauen, die eine leitende Position erreicht haben, leben häufiger als phobische Männer ohne Partner. Für sie ist es dann noch nötiger, einen Ersatz für die steuernden Funktionen des Berufsfeldes zu finden. Da diejenigen Willkürdurchbrüche, vor denen phobische Frauen in unserer Kultur wohl immer noch am häufigsten Angst haben - nämlich die sexuellen - mit dem Alter aber immer weniger in Frage kommen, brauchen sie steuernde Objekte auch weniger. Eine stärkere hysterische Strukturkomponente kann die Situation ändern: hysterische Frauen (wie auch Männer) phantasieren sich als jünger. Es kann dann zum späten Ausbruch einer Angstkrankheit kommen, zumindest zum Auftreten diffuser Gefühle ängstlichen Unbehagens. Dann besteht die Gefahr eines Abusus von Medikamenten oder Alkohol, die übrigens auch bei Depressiven besteht, die sich im Alter einsam fühlen, oder bei dysphorischen Zuständen eines narzißtisch strukturierten Menschen nach dem Verlust des Arbeitsfeldes.

Der *hysterisch Strukturierte* ist an ein bestimmtes Arbeitsfeld meist weniger gebunden als Menschen mit einer anderen Struktur. Oft hat er auch mehrmals die Arbeitsfelder gewechselt. Hysterische Männer erleben Bestätigung, die erfolgreiche Arbeit ihnen bringt, als eine Bestätigung ihrer Geschlechtseigenschaften. So kann der alternde Chirurg sich in seiner Klinik als der potenteste Mann fühlen, weil er infolge seiner größeren Erfahrung immer noch besser operiert als die Jüngeren. Den Verlust seines Arbeitsfeldes erlebt er dann wie eine Kastration.

Entsprechendes kann auch für männlich identifizierte Frauen gelten; sie verlieren mit dem Beruf den phantasierten Phallus. Frauen, die mehr mit der Rolle der Partnerin des Vaters identifiziert sind und deshalb in der Regel nicht in eine leitende Position mit Endverantwortung aufsteigen, geraten schon früher in eine Krise, nämlich dann, wenn sich ein Chef, der sie wegen ihres jugendlichen Charmes geschätzt hat - oft ist es ein phallischer Chef, der sich gern mit jungen, attraktiven Frauen umgibt - einer Jüngeren zuwendet und mit ihr lieber zusammenarbeitet. Solche hysterischen Frauen bemühen sich dann oft, in ihrem Verhalten und in der Art, sich zu kleiden, jugendlicher zu wirken; auf die Dauer müssen sie aber in der Konkurrenz mit Frauen, die wirklich jung sind, unterliegen. Dann treten reaktive Depressionen oder psychosomatische Symptome auf. Die ältere hysterische Frau versucht auch oft, die jüngeren wegzubeißen oder schlechtzumachen, was ihre Beliebtheit, auch beim Chef, meist vermindert. Das tun auch phallische Frauen, die den Chef als ihren Phallus phantasieren und in Identifikation mit ihm ihre phallischen Wünsche ausleben. Sie verkraften es schwer, wenn eine andere phallische Frau auftaucht, die ihnen den Phallus wegnimmt.

Phallische Männer und Frauen erleben die altersbedingten Einschränkungen ihrer Vitalität als bedrohlich. Sportarten, die sie gut beherrschten und die ihnen Spaß gemacht haben, üben sie nicht mehr aus; zum Beispiel geben sie das Skilaufen auf, wenn sie nicht mehr unter denen sein können, die durch hohe

Kompetenz imponieren. Darin gleichen sie übrigens vielen narzißtisch Strukturierten. Manchmal suchen sie sich dann einen Sport, bei dem die abnehmende Vitalität nicht so auffällt, zum Beispiel spielen sie Golf, oder sie betreiben einen Sport, wo der Wettkampfaspekt nicht im Vordergrund steht, zum Beispiel Bergwandern oder sogar Bergsteigen. Das Bezwingen der Gipfel hat dann oft auch die unbewußte Bedeutung eines Eroberns der Mutter, die sich ihnen in der einen oder anderen Weise versagt hat. Andere nehmen einen Sport auf, bei dem es ein Zeichen von Vitalität ist, wenn ein älterer Mensch ihn überhaupt durchhält.

Hysterischen Frauen wie Männern ist gemeinsam, daß sie im Alter oft jünger wirken möchten, als sie sind, was sich in Verhalten und Kleidung ausdrückt. Ältere Frauen kleiden und geben sich mädchenhaft, was peinlich wirken kann. Männer tanzen die ganze Nacht mit jungen Frauen, was von den Jüngeren einerseits bewundert wird, andererseits aber auch ein Lächeln hervorruft.

Da sie die Rollen nicht übernehmen wollen, die ihr Alter nahelegt, rufen sie bei Jüngeren oft Beunruhigung und Ärger hervor. Sie machen sich die Anschauungen und Ansichten ganz junger Menschen zueigen, was oft anerkennend bemerkt wird, aber auch unecht wirken kann. Manchmal werden sie dann gefragt, warum sie diese Ansichten nicht schon früher vertreten haben. Andere, meist selbst hysterisch strukturierte junge Leute sehen ein jugendliches Verhalten alter Menschen aber gern, weil sie selbst gern immer jung bleiben möchten. Alte, die sich jugendlich geben, machen ihnen Hoffnung für ihr eigenes Alter; was an dem jugendlichen Verhalten unecht ist, blenden sie aus.

Da hysterisch strukturierte Männer die Anerkennung ihrer Geschlechtseigenschaften, die ihnen früher ihre Arbeit vermitteln konnte, im Umgang mit jungen Frauen suchen können, verlassen sie unter Umständen ihre langjährige Partnerin und suchen eine junge Frau für sich zu gewinnen, mit der sie sich gern in der Öffentlichkeit zeigen. Das gelingt ihnen vor allem dann, wenn sie eine angesehene Stellung im Kreis ihrer Berufskollegen behalten haben oder über materielle Mittel verfügen, die sie attraktiver machen, als es sonst ihrem Alter entsprechen würde. Auf diese Aspekte der Partnerwahl bin ich an anderem Ort (König u. Kreische 1991) ausführlich eingegangen.

Es gibt aber auch hysterische Männer und Frauen, die es als Erleichterung erleben, alt zu sein und nicht mehr nach ihrem

Aussehen oder ihrer Potenz beurteilt zu werden. Frauen erreichen dieses Stadium früher als Männer. Freilich geht es auch hier nicht ganz ohne Rivalisieren ab: hysterische Männer und Frauen wollen sich mit ihrem Alter besser als andere abfinden können und etwas Gutes daraus machen; sie rivalisieren auch darin.

Zitierte Literatur

ADORNO, TH.W. (1969): The authoritarian personality. W.W. Norton & Comp., New York.

ALBEE, E. (1964): Who's afraid of Virginia Woolf? A play. Cape, London.

ARGELANDER, H. (1967): Das Erstinterview in der Psychotherapie. Wissenschaftliche Buchgesellschaft, Darmstadt.

BISCHOF, N. (1985): Das Rätsel Ödipus. Piper, München.

FISHER, S. (1976): Orgasmus: sexuelle Reaktionsfähigkeit der Frau; Psychologie, Physiologie, Phantasie. Hippokrates, Stuttgart.

FREUD, S. (1905): Drei Abhandlungen zur Sexualtheorie. G.W. V., Fischer, Frankfurt a.M., 4. Aufl. 1972.

FREUD, S. (1930): Das Unbehagen in der Kultur. G.W. XIV, Fischer, Frankfurt a.M., 4. Aufl. 1972.

HEIGL-EVERS, A. u. SCHEPANK, H. (1980): Ursprünge seelisch bedingter Krankheiten, Bd. 1 und 2. Verlag für Medizinische Psychologie im Verlag Vandenhoeck & Ruprecht, Göttingen.

HOFFMANN, S.O. (1979): Charakter und Neurose. Suhrkamp, Frankfurt a.M.

KERNBERG, O.F. (1978): Borderline-Störungen und pathologischer Narzißmus. Suhrkamp, Frankfurt a.M.

KERNBERG, O.F.; SELZER, M.A.; KOENIGSBERG, H.W.; CARR, A.C. u. APFELBAUM, A.H. (1989): Psychodynamic psychotherapy of borderline patients. Basic Books, New York.

KÖNIG, K. (1982): Der interaktionelle Anteil der Übertragung in Einzelanalyse und analytischer Gruppenpsychotherapie. Gruppenpsychother. Gruppendyn. 18: 76-83.

KÖNIG, K. (1984): Unbewußte Manipulation in der Psychotherapie und im Alltag. Georgia Augusta 40: 10-16.

KÖNIG, K. (1991³): Angst und Persönlichkeit. Das Konzept vom steuernden Objekt und seine Anwendungen. Vandenhoeck & Ruprecht, Göttingen, 3. Aufl.

KÖNIG, K. (1991): Praxis der psychoanalytischen Therapie. Vandenhoeck & Ruprecht, Göttingen.

KÖNIG, K. u. KREISCHE, R. (1991): Psychotherapeuten und Paare. Vandenhoeck & Ruprecht, Göttingen.

KOHUT, H. (1971): The analysis of the self. A systematic approach to the psychoanalytic treatment of narcissistic personality disorders. Psychoanal. Study Child, Monograph No. 4. International Universities Press, New York [Dt.: Narzißmus. Eine Theorie der psychoanalytischen Behandlung narzißtischer Persönlichkeitsstörungen. Suhrkamp, Frankfurt a.M. 1973].

LEWIN, B.D. (1973): The body as phallus. The Psychoanalytic Quarterly 2: 24-47.

LICHTENBERG, J.D. (1987): Die Bedeutung der Säuglingsbeobachtung für die klinische Arbeit mit Erwachsenen. Z. Psychoanal. Theor. Prax. 2: 123-147.

OGDEN, T.H. (1979): On projective identification. Int. J. Psycho-Anal. 60: 357-373 [Dt.: Die projektive Identifikation. Forum Psychoanal. 4 (1988): 1-21].

ROHDE-DACHSER, CH. (1982): Diagnostische und behandlungstechnische Probleme im Bereich der sogenannten Ich-Störungen. Psychother. Psychosom. Med. Psychol. 32: 14-18.

RIEMANN, F. (1976): Grundformen der Angst. Reinhardt, München, 11. Aufl.

SANDLER, J. (1976): Countertransference and role-responsiveness. Int. Rev. Psycho-Anal. 3: 43-47 [Dt.: Gegenübertragung und Bereitschaft zur Rollenübernahme. Psyche 30 (1976): 297-305].

SELIGMAN, M.E.P. (1975): Helplessness. On depression, development and death. Freeman, San Francisco [Dt.: Erlernte Hilflosigkeit. Urban & Schwarzenberg, München 1979].

SÜSKIND, P. (1985): Das Parfum. Diogenes, Zürich.

Empfohlene Literatur

ARGELANDER, H. (1967): Das Erstinterview in der Psychotherapie. Wissenschaftliche Buchgesellschaft Darmstadt.

BATTEGAY, R. (1985): Depression. Psychophysische und soziale Dimension, Therapie. Huber, Bern/Stuttgart/Wien.

BELL, K. (1991): Aspekte weiblicher Entwicklung. Forum Psychoanal. 7: 111-126.

BELLAK, L.; HURVICH, M. u. GEDIMAN, H.K. (1973): Ego functions in schizophrenics, neurotics and normals. Wiley, New York/London.

BLOS, P. (1978): Adoleszenz. Eine psychoanalytische Interpretation. Klett, Stuttgart, 2. Aufl. [Engl.: On adolescence. A psychoanalytic interpretation. Free Press, New York 1962].

BLUM, H.P. (Hrsg.; 1977): Female psychology. International Universities Press, New York.

BLUM, H.P. (Hrsg.; 1985): Superego formation, adolescent transformation and the adult neurosis. J. Am. Psa. Ass. 33: 887-909.

BUCHHEIM, P.; CIERPKA, M. u. SCHEIBE, G. (1988): Das Verhältnis von Psychoanalyse und Psychiatrie dargestellt am Beispiel von Konzepten für das psychiatrisch-psychodynamische Erstinterview. In: KLUSSMANN, R.; MERTENS, W. u. SCHWARZ, F. (Hrsg.), Aktuelle Themen der Psychoanalyse. Springer, Berlin, S. 57-71.

BUDDENBERG, C. (1987): Sexualberatung. Enke, Stuttgart, 2. Aufl.

CHASSEGUET-SMIRGEL, J. (Hrsg.; 1974): Psychoanalyse der weiblichen Sexualität. Suhrkamp, Frankfurt a.M.

CREMERIUS, J. (1984): Vom Handwerk des Psychoanalytikers: Das Werkzeug der psychoanalytischen Technik. Bd. 1 u. 2. Frommann-Holzboog, Stuttgart.

CREMERIUS, J.; HOFFMANN, S.O. u. TRIMBORN, W. (1979): Psychoanalyse, Über-Ich und soziale Schicht. Die psychoanalytische Behandlung der Reichen, der Mächtigen und der sozial Schwachen. Kindler, München.

CSEF, H. (1988): Zur Psychosomatik des Zwangskranken. Springer, Berlin/Heidelberg/New York.

DÜHRSSEN, A. (1981): Die biographische Anamnese unter tiefenpsychologischem Aspekt. Vandenhoeck & Ruprecht, Göttingen, 3. Aufl. 1990.

ERIKSON, E.H. (1976): Kindheit und Gesellschaft. Klett, Stuttgart, 6. Aufl.

ERIKSON, E.H. (1976): Identität und Lebenszyklus. Suhrkamp, Frankfurt a.M., 3. Aufl.

ERMANN, M. (1985): Die Fixierung in der frühen Triangulierung. Forum Psychoanal. 1: 93-110.

FERENCZI, S. (1988): Ohne Sympathie keine Heilung. Das klinische Tagebuch von 1932. Fischer, Frankfurt a.M.

HEIGL-EVERS, A. u. HENNEBERG-MÖNCH, U. (1990): Die Bedeutung der Affekte für die Diagnose, Prognose und Therapie. Psychother. Psychosom. Med. Psychol. 40: 39-47.

HEIGL-EVERS, A. u. WEIDENHAMMER, B. (1988): Der Körper als Bedeutungslandschaft. Huber, Bern/Stuttgart/Wien.

HOFFMANN, S.O. (1979): Charakter und Neurose. Suhrkamp, Frankfurt a.M.

HOFFMANN, S.O. (Hrsg.; 1983): Deutung und Beziehung. Kritische Beiträge zur Behandlungskonzeption und Technik in der Psychoanalyse. Fischer, Frankfurt a.M.

HOFFMANN, S.O. (1986): Psychoneurosen und Charakterneurosen. In: KISKER, K.P.; LAUTER, H.; MEYER, J.-E.; MÜLLER, C. u. STRÖMGREN, E. (Hrsg.), Psychiatrie der Gegenwart, Bd. 1: Neurosen, Psychosomatische Erkrankungen, Psychotherapie. Springer, Berlin/Heidelberg/New York, 3. Aufl.

HOFFMANN, S.O. u. HOCHAPFEL, G. (1987): Einführung in die Neurosenlehre und Psychosomatische Medizin. Schattauer, Stuttgart, 3. Aufl.

HOROWITZ, M.J. (Hrsg.; 1977): Hysterical personality. Aronson, New York/London.

KÄCHELE, H. (1988): Spezifische und unspezifische Wirkfaktoren in der Psychotherapie. Prax. Psychother. Psychosom. 33: 1-11.

KERNBERG, O.F. (1972): Critique of the Kleinian school. In: GIOVACCHINI, P.L. (Hrsg.), Tactics an techniques in psychoanalytic therapy. Hogarth, London, S. 62-93.

KERNBERG, O.F. (1979): Borderline-Störungen und pathologischer Narzißmus. Suhrkamp, Frankfurt a.M., 3. Aufl. [Engl.: Borderline conditions and pathological narcissism. Aronson, New York 1975].

KERNBERG, O.F. (1981): Objektbeziehungen und Praxis der Psychoanalyse. Klett, Stuttgart [Engl.: Object-relations theory and clinical psychoanalysis. Aronson, New York/London 1976].

KERNBERG, O.F. (1988): Schwere Persönlichkeitsstörungen. Klett-Cotta, Stuttgart [Engl.: Severe personality disorders. Vail-Ballon-Press, Binghampton/New York 1984].

KERNBERG, O.F.; SELZER, M.A.; KOENIGSBERG, H.W.; CARR, A.C. u. APFELBAUM, A.H. (1989): Psychodynamic psychotherapy of borderline patients. Basic Books, New York.

KIND, J. (1986): Manipuliertes und aufgegebenes Objekt. Forum Psychoanal. 2: 228-229.

KIND, J. (1990): Zur Interaktionstypologie suizidalen Verhaltens. Nervenarzt 61: 153-158.

KISKER, K.P.; LAUTER, H.; MEYER, J.E.; MÜLLER, C. u. STRÖMGREN, E. (Hrsg.; 1986): Psychiatrie der Gegenwart, Bd. I: Neurosen, Psychosomatische Erkrankungen, Psychotherapie. Springer, Berlin/Heidelberg/New York, 3. Aufl.

KOHUT, H. (1973): Narzißmus. Suhrkamp, Frankfurt a.M. [Engl.: The analysis of the self. International Universities Press, New York 1971].

KÖNIG, K. (1974): Die Risikobereitschaft des Patienten als prognostisches Kriterium zur psychoanalytischen Behandlung. Zschr. Psychosom. Med. 20: 304-311.

KRAUSE, R. (1983): Zur Onto- und Phylogenese des Affektsystems und ihrer Beziehungen zu psychischen Störungen. Psyche 37: 1016-1043.

KRAUSE, R. (1985): Über die psychoanalytische Affektlehre am Beispiel der Einsicht. In: ECKENSBERGER, L.H. u. LANTERMANN, E.D. (Hrsg.), Emotion und Reflexivität. Urban & Schwarzenberg, München/Wien/Baltimore, S. 267-290.

KRAUSE, R. (1988): Eine Taxonomie der Affekte und ihre Anwendung auf das Verständnis der "frühen" Störungen. Psychother. Psychosom. Med. Psychol. 38: 77-86.

LICHTENBERG, J.D. (1987): Die Bedeutung der Säuglingsbeobachtung für die klinische Arbeit mit Erwachsenen. Z. Psychoanal. Theor. Prax. 2: 123-147.

MAHLER, M.S.; PINE, F. u. BERGMANN, A. (1978): Die psychische Geburt des Menschen. Fischer, Frankfurt a.M. [Engl.: The psychological birth of the human infant. Hutchinson, London; Basic Books, New York 1975].

MENNE, K. u. SCHRÖTER, K. (Hrsg.; 1980): Psychoanalyse und Unterschicht. Soziale Herkunft - ein Hindernis für die psychoanalytische Behandlung? Suhrkamp, Frankfurt a.M.

MENTZOS, S. (1980): Hysterie. Zur Psychodynamik unbewußter Inszenierungen. Kindler, München.

MENTZOS, S. (1982): Neurotische Konfliktverarbeitung. Kindler, München.

MENTZOS, S. (Hrsg.; 1984): Angstneurose. Fischer, Frankfurt a.M.

MITSCHERLICH, M. (1985): Die friedfertige Frau. Fischer, Frankfurt a.M.

MORGENTHALER, F. (1987): Homosexualität - Heterosexualität - Perversion. Fischer, Frankfurt a.M.

NEDELMANN, C. (1981): Behandlungsziel und Gesundheitsbegriff der Psychoanalyse. In: BACH, H. (Hrsg.), Der Krankheitsbegriff in der Psychoanalyse. Vandenhoeck & Ruprecht, Göttingen, S. 55-67.

PARIN, P. (1978): Warum die Psychoanalytiker so ungern zu brennenden Zeitproblemen Stellung nehmen. Eine ethnologische Betrachtung. Psyche 32: 385-399.

PONTALIS, J.-B. (Hrsg.; 1972): Objekte des Fetischismus. Suhrkamp. Frankfurt a.M.

Psychonanalytisches Seminar Zürich (Hrsg.; 1981): Die neuen Narzißmustheorien: Zurück ins Paradies? Syndikat, Frankfurt a.M.

QUINT, H. (1988): Die Zwangsneurose aus psychoanalytischer Sicht. Springer, Berlin/Heidelberg/New York.

RADEBOLD, H. (1982): Probleme der psychotherapeutischen Technik bei neurotischen und reaktiven Erkrankungen im höheren und hohen Lebensalter. In: HELMCHEN, H.; LINDEN, M. u. RÜGER, U. (Hrsg.), Psychotherapie in der Psychiatrie. Springer, Berlin/Heidelberg/New York, S. 303-309.

REICH, W. (1973): Charakteranalyse. Technik und Grundlagen. Fischer, Frankfurt a.M.

ROHDE-DACHSER, CH. (1987): Ausformungen der ödipalen Dreieckskonstellation bei narzißtischen und Borderline-Störungen. Psyche 41: 773-799.

ROHDE-DACHSER, CH. (1990): Expedition in den dunklen Kontinent. Springer, Berlin/Heidelberg/New York.

ROHDE-DACHSER, CH. (1989): Das Borderline-Syndrom. Huber, Bern/Stuttgart/Wien, 4. Aufl.

ROTMANN, M. (1978): Die Bedeutung des Vaters in der "Wiederannäherungsphase". Psyche 32: 1105-1147.

RUDOLF, G.; GRANDE, T. u. PORSCH, U. (1988): Die Berliner Psychotherapiestudie. Zschr. Psychosom. Med. 34: 2-18.

RUDOLF, G. u. STILLE, D. (1984): Die Bedeutung von positiven Persönlichkeitsmerkmalen und Abwehrhaltungen für die Einschätzung der Behandlungschancen von Psychotherapiepatienten. Psychother. Psychosom. Med. Psychol. 34: 161-170.

RUDOLF, G. u. STILLE, D. (1985): Wege der klinischen Urteilsbildung. Die Einschätzung von Neurosenstrukturen und Behandlungschancen durch unterschiedliche Therapiemöglichkeiten. In: CZOGALK, D. et al. (Hrsg.), Perspektiven der Psychotherapieforschung. Hochschulverlag, Freiburg i.Br., S. 228-241.

SANDLER, J. (1976): Gegenübertragung und Bereitschaft zur Rollenübernahme. Psyche 30: 297-305 [Engl.: Countertransference and role-responsiveness. Int. Rev. Psycho-Anal. 3 (1976): 43-47].

SANDLER, J. (1982): Unbewußte Wünsche und menschliche Beziehungen. Psyche 35: 59-74.

SANDLER, J. (1983): Die Beziehungen zwischen psychoanalytischen Konzepten und psychoanalytischer Praxis. Psyche 37: 577-595 [Engl.: Reflections on some relations between psychoanalytic concepts and psychoanalytic practice. Int. J. Psycho-Anal. 64: 35-45].

SANDLER, J. (Hrsg.; 1987): Projection, identification, projective identification. International Universities Press, Madison (Conn).

SANDLER, J. u. SANDLER, A.-M. (1985): Vergangenheits-Unbewußtes, Gegenwarts-Unbewußtes und die Deutung der Übertragung. Psyche 39: 800-829 [Engl.: The past unconscious, the present unconscious and interpretation of transference. Psychoanal. Inquiry 4 (1984): 367-399].

SCHEPANK, H. (1987): Psychogene Erkrankungen der Stadtbevölkerung. Springer, Berlin/Heidelberg/New York.

SPITZ, R. (1973): Die Entstehung der ersten Objektbeziehung. Klett, Stuttgart, 3. Aufl.

STREECK, U. (1983): Abweichungen vom "fiktiven Normal-Ich": Zum Dilemma der Diagnostik struktureller Ich-Störungen. Zschr. Psychosom. Med. 29: 334-349.

STREECK, U. (1984): Angst und sozialer Aufstieg. In: RÜGER, U. (Hrsg.), Neurotische und reale Angst. Verlag für Medizinische Psychologie im Verlag Vandenhoeck & Ruprecht, Göttingen, S. 241-250.

THEWELEIT, K. (1977, 1978): Männerphantasien. Bd. 1 (1977), Bd. 2 (1978). Stroemfeld Roter Stern, Frankfurt a.M.

THOMÄ, H. (1981): Schriften zur Praxis der Psychoanalyse. Vom spiegelnden zum aktiven Psychoanalytiker. Suhrkamp, Frankfurt a.M.

TRESS W. (1986): Das Rätsel der seelischen Gesundheit. Verlag für Medizinische Psychologie im Verlag Vandenhoeck & Ruprecht, Göttingen.

TRESS, W. (1987): Sprache - Person - Krankheit. Vorklärungen zu einer psychologischen Medizin der Person. Springer, Berlin/Heidelberg/New York.

VOLKAN, V.D. (1978): Psychoanalyse der frühen Objektbeziehungen. Klett, Stuttgart [Engl.: Primitive internalized object relations. International Universities Press, New York 1976].

WEIDENHAMMER, B. (1987): Störungen des diagnostischen Urteilsprozesses bei präödipalen Pathologien. Zschr. Psychosom. Med. 33: 353-362.

WINNICOTT, D.W. (1974): Reifungsprozesse und fördernde Umwelt. Kindler, München [Engl.: The maturational process and the facilitating environment. International Universities Press, New York 1965].

WINNICOTT, D.W. (1976): Haß in der Gegenübertragung. In: WINNICOTT, D.W. (Hrsg.), Von der Kinderheilkunde zur Psychoanalyse. Kindler, München, S. 75-88 [Engl.: Hate in the countertransference. Int. J. Psycho-Anal. 30 (1949): 69-74].

WURMSER, L. (1987): Flucht vor dem Gewissen. Analyse von Über-Ich und Abwehr bei schweren Neurosen. Springer, Berlin/Heidelberg/New York.

WURMSER, L. (1990): Die Maske der Scham. Die Psychoanalyse von Schamaffekten und Schamkonflikten. Springer, Berlin/Heidelberg/New York [Engl.: The mask of shame. Johns Hopkins University Press, Baltimore/London 1981].

Glossar

Hier sind auch Begriffe aufgenommen, die in diesem Buch nicht verwendet wurden, aber für Leser wichtig sind, die sich breiter über die allgemeine und spezielle psychoanalytische Persönlichkeitstheorie informieren wollen; zum Beispiel durch die Lektüre von Publikationen, die unter "Empfohlene Literatur" genannt sind. Manche Stichwörter habe ich nur kurz charakterisiert, andere ausführlicher abgehandelt - ausführlicher dann, wenn es mir besonders angebracht erschien, ein Verständnis in Zusammenhängen zu vermitteln. Das gilt besonders für Begriffe, die sich auf sehr komplexe Sachverhalte beziehen (z.B. "Ich-Funktionen").

ABWEHRMECHANISMEN

Die ich-psychologische (s. Ich-Psychologie) Richtung der Psychoanalyse interessiert sich in besonderem Maße dafür, welche *Abwehrmechanismen* ein Mensch einsetzt, um mit Triebimpulsen aus seinem Inneren und mit Eindrücken aus der Umwelt in einer Weise umzugehen, die Lust vergrößert und Unlust vermindert. Impulse aus dem Inneren, mit denen jemand schlechte Erfahrungen gemacht hat, werden geblockt oder umgewandelt, daß sie weniger bewußte oder unbewußte Angst, Schamgefühle oder Schuldgefühle erzeugen, oder sie werden anderen Menschen zugeschrieben. Beunruhigendes, das in der Umwelt vorgeht, wird nicht oder nur selektiv wahrgenommen. Wird ein bewußter Inhalt, zum Beispiel ein Gefühl, ein Impuls oder eine Verhaltensdisposition, unbewußt gemacht, spricht man von *Verdrängung*. Wird ein eigenes Gefühl, ein eigener Impuls oder eine eigene Verhaltensdisposition einem anderen zugeschrieben, spricht man von *Projektion*. Werden Gefühle, Impulse oder Verhaltensdispositionen eines anderen sich selbst zugeschrieben, spricht man von *Introjektion*. Introjektion hält eine interpersonelle Beziehung frei von Aggression: Man ärgert sich nicht über unangenehme Eigenschaften des anderen, sondern über sich selbst. Wird äußere Realität nicht wahrgenommen, spricht man von *Leugnung*.

Die *Ich-Spaltung* ist ein Abwehrmechanismus, der bewirkt, daß verschiedene Bereiche des Ich in verschiedenen Zuständen funktionieren können. Die verschiedenen Bereiche enthalten auch verschiedene Vorstellungen von der eigenen Person (Selbstrepräsentanzen). Wenn eine Ich-Spaltung vorliegt, sind es Vorstellungen eines rein guten oder eines rein bösen (schlechten) Selbst. Dem entspricht die *Objektspaltung*: Vorstellungen von Personen (Objekten) werden in einen guten und einen bösen oder schlechten Anteil aufgespalten. Dieser Abwehrmechanismus schützt vor der Konfrontation mit der Tatsache, daß die Objekte gute und böse Anteile enthalten und die guten mit beeinträchtigt oder zerstört würden, wenn man die bösen (schlechten) aggressiv angeht. Das könnte dann unerträgliche Schuldgefühle oder aber - wenn es sich um Objekte handelt, von denen man sich abhängig fühlt - Existenzangst erzeugen. Werden nur die bösen Anteile eines Objekts gesehen, kann das Objekt attackiert werden: es gibt ja noch gute Objekte, die dadurch nicht berührt werden.

Objektspaltung und Ich-Spaltung nehmen insofern eine Sonderstellung ein, als sie beim Gesunden allenfalls in tiefer Regression auftreten, während die anderen Abwehrmechanismen beim Gesunden vorkommen und eingesetzt werden können.

Alle schränken sie die Wahrnehmung äußerer oder innerer Realität ein. Ein Ich, das Abwehrmechanismen einsetzt, zahlt einen Preis an Realitätsverlust. Wenn es die Abwehrmechanismen aber nicht einsetzen würde, könnte es noch schlechter funktionieren, es würde zum Beispiel von Angst, Schamgefühlen und Schuldgefühlen überschwemmt oder durch Affekte, die es sonst schwer aushalten könnte, zu einem Handeln veranlaßt, das die ganze Person in Gefahr brächte. Deshalb sollten in einer Therapie Abwehrmechanismen nur in Frage gestellt werden, wenn alternative Voraussetzungen, mit Gefühlen und Impulsen umzugehen, entwickelt worden sind oder in kurzer Zeit entwickelt werden können.

Manche Abwehrmechanismen wirken wie ein Reduzierventil. So können Affekte, die mit einer Vorstellung oder einem Impuls normalerweise verknüpft sind, abgeschwächt werden oder ganz fehlen (*Isolierung von Affekt*), es kann ein Impuls ohne seinen Kausalzusammenhang bewußt werden (*Isolierung aus dem Zusammenhang*), oder es kann, wie bei Angstkrankheiten, nur der Affekt, eine unerklärliche Angst ohne die zu ihr gehörenden Vorstellungen und Handlungsimpulse ins Ich zugelassen werden.

Wünsche und Befürchtungen können von einem Objekt auf das andere verschoben werden (*Verschiebung*), wenn sie in der Beziehung zu dem Objekt, das ursprünglich gemeint ist, zu gefährlich wären. Die Objekte, auf die verschoben wird, können dann *vermieden* werden. Ein Impuls kann dadurch zurückgehalten werden, daß das Ich ein gegenteiliges Gefühl erzeugt, zum Beispiel wird Haß durch Liebe oder Mitleid verdeckt (*Reaktionsbildung*).

Eine Person kann Situationen meiden, die als gefährlich oder unangenehm erlebt werden, was zu einer sogenannten *Ich-Einschränkung* führen kann. Das Ich wird nur noch mit Ungefährlichem konfrontiert und erhält so keine Gelegenheit mehr, einige seiner Kompetenzen einzusetzen; diese verkümmern dann.

Gefühle, die verboten sind oder zu stark wären oder einen zu unüberlegtem Handeln bringen könnten, kann man in anderen erzeugen und sie dann mitgenießen (*altruistische Abtretung*; sie ist wahrscheinlich als eine Sonderform der konfliktentlastenden *projektiven Identifikation* aufzufassen).

Schließlich kann man noch Vorstellungen, Wünsche und Affekte bewußt unterdrücken, wenn sie der Realitätsbewältigung abträglich sind; so kann man Ärger und den Wunsch, sich von bestimmten Menschen zu trennen, unterdrücken, zum Beispiel wenn man die Aufgabe übernommen hat, sie zu therapieren oder zu beraten. Es handelt sich dann um eine Art bewußt eingesetzter (nicht unbewußt ausgelöster) Verdrängung, die im Angelsächsischen *Suppression* genannt wird, im Unterschied zur unbewußt ausgelösten *Repression* (Verdrängung).

Bei der *Leugnung* wird etwas, das wahrgenommen werden könnte und wichtig ist, aus der Wahrnehmung ausgeblendet, um unangenehme Ich-Zustände zu vermeiden.

Auch *Idealisierung* kann Abwehrzwecken dienen. Es wertet einen auf, wenn man eine Beziehung zu einem idealen Objekt hat. Das erspart einem die Konfrontation damit, wie wenig man selbst darstellt. Werden dem Selbst ideale Eigenschaften zugeschrieben, erzeugt das ein Gefühl der Sicherheit und Macht. Gerade Menschen in schwierigen Situationen, in de-

nen das Selbstwertgefühl beeinträchtigt wird, zum Beispiel bei einem Studienversagen, können die das Selbst idealisierende Phantasie entwickeln, daß sie Anlagen haben, Großes zu leisten. (Wahrscheinlich entsteht die narzißtische Struktur durch eine defensive Idealisierung des Selbst mit gleichzeitiger Abwertung der Objekte. Sie erzeugt das Gefühl, von anderen unabhängig zu sein). Eine jede Idealisierung läuft aber Gefahr, bei einer Konfrontation mit der Realität zusammenzubrechen, was schlimme Folgen für das Selbstwertgefühl hat.
Ein jedes Gefühl und eine jede Stimmung kann durch ihr Gegenteil abgewehrt werden (*Verkehrung ins Gegenteil*). So wird bei der hypomanischen Abwehr depressiver Affekte eine Hochstimmung erlebt. Jemand, der Angst abwehrt, kann sich bewußt besonders mutig fühlen. Jemand, der Scham abwehrt, kann sich ganz scham-los fühlen und verhalten. Wer Schuldgefühle abwehrt, kann gerade Dinge tun, die bei anderen Schuldgefühle erzeugen würden, ohne welche zu empfinden, so als hätte er kein Gewissen.
In der *Verneinung* wird eine innere Einstellung oder eine Einschätzung vertreten, die rational begründet oder sozial erwünscht ist; eine gegenteilige, rational schwer begründbare oder unerwünschte Einstellung wird dabei nicht wahrgenommen. Shakespeare schrieb in einem seiner Stücke: "The lady doth protest too much" und meinte damit wohl, daß die betreffende Dame Gefühle verneinte, die sie bewußt erlebte. Die Verneinung im psychoanalytischen Sinn meint aber, daß das Verneinte auch innerlich geleugnet wird.
Ungeschehenmachen bezeichnet ein Handeln, das einem unbewußten Wunsch entgegengesetzt ist. So kann jemand, der unbewußt wünscht, daß ein anderer einen Unfall hat, ihn ermahnen, besonders vorsichtig zu fahren, und dessen Auto sorgfältig überprüfen. Die Ermahnungen und Vorsichtsmaßnahmen wirken dabei nicht situationsadäquat, sondern übertrieben.
Abwehrmechanismen und Persönlichkeitsstruktur: Bei bestimmten Strukturen werden bestimmte Abwehrmechanismen bevorzugt eingesetzt. Zum Beispiel bei der *schizoiden* Struktur Projektion, Vermeidung, Idealisierung. Bei der *depressiven* Struktur Introjektion, Selbstentwertung (dann kann von einem selbst nicht viel verlangt werden) und Idealisierung der Objekte (dann kann von den Objekten viel erwartet werden). Bei der *zwanghaften* Struktur Reaktionsbildung, Verschiebung

(aufs Kleinste), Projektion, Isolierung vom Affekt, Isolierung aus dem Zusammenhang, Verneinung, Ungeschehenmachen. Bei der *phobischen* Struktur: Verschiebung des Angstmachenden von Menschen auf Tiere oder unbelebte Gegenstände, Vermeidung. Bei der *hysterischen* Struktur Verdrängung, Leugnung, Bagatellisierung als Sonderform der Leugnung.

AFFEKTKONTROLLE s. Ich-Funktionen.

AFFEKTTOLERANZ s. Ich-Funktionen.

ALTRUISTISCHE ABTRETUNG s. Abwehrmechanismen.

ANAL: "Auf den Anus bezogen", Entwicklungsphase, in der die Sauberkeitserziehung eine zentrale Bedeutung hat; oder: zu dieser Entwicklungsphase gehörig.

ANGSTTOLERANZ s. Ich-Funktionen.

ANTIZIPATIONSFÄHIGKEIT s. Ich-Funktionen.

BEWUßT: Zur Zeit im Bewußtsein befindlich.

DYADE: Zwei Personen, die miteinander in einer als ausschließlich gewünschten und phantasierten Beziehung stehen.

ERSATZBEFRIEDIGUNG: Es werden Triebimpulse, die sonst nicht umgesetzt werden können und eine Bedürfnisspannung erzeugen (zum Beispiel eine sexuelle), dadurch besänftigt, daß Bedürfnisse aus einem anderen Bereich übererfüllt werden (zum Beispiel Essen). Es entsteht ein Gefühl der Befriedigung und Sättigung oder Übersättigung, das die Summe der im Ich empfundenen Bedürfnisspannungen herabsetzt, auch wenn der ursprüngliche Wunsch unerfüllt bleibt.

ES: Teil der Persönlichkeit, in dem die Triebwünsche entstehen. Wird dem Unbewußten zugerechnet.

FAMILIARITÄT: Vertrautheit mit Objekten (s. Übertragung).

FIXIERT: Gebunden, stehengeblieben, steckengeblieben. Bezieht sich auf Entwicklungsphasen, in denen ein Mensch partiell stecken- oder stehenbleiben kann, oder auf Personen, an die jemand gebunden sein kann.

FRUSTRATIONSTOLERANZ s. Ich-Funktionen.

ICH: Teil der Person, der zwischen den Triebwünschen, die aus dem Es kommen, den Anforderungen des Gewissens (Über-Ich), den Vorstellungen davon, wie man idealerweise sein sollte (s. Ich-Ideal) und den Anforderungen und Chancen der Außenwelt vermittelt. Das Ich hat bewußte und unbewußte

Anteile. Es enthält Vorstellungen davon, wie man selbst ist, wie die Personen waren und sind, mit denen man umging und umgeht (Selbst- und Objektimagines). Das Ich ist der Ort des Denkens und Fühlens.

ICH-IDEAL: Teils bewußte, teils unbewußte Vorstellung davon, wie man idealerweise sein sollte.

ICH-EINSCHRÄNKUNG s. Abwehrmechanismen.

ICH-FUNKTIONEN

Tätigkeiten des Ich, die ein Mensch einsetzen kann, um mit sich selbst (seinem eigenen Inneren) und seiner Umwelt umzugehen. Dazu gehören *Introspektion* (Innenschau) und *Realitätsprüfung* (zutreffende Wahrnehmung der Außenwelt). Zutreffende Introspektion und Realitätsprüfung sind nur möglich, wenn Innen und Außen unterschieden werden können (*Selbst-Objekt-Differenzierung*), sonst werden Phantasien, die im Inneren entstehen, Objekten in der Außenwelt zugeschrieben, oder phantasierte Verhaltensweisen anderer Menschen als aus dem eigenen Inneren kommend erlebt. Der Betreffende hört zum Beispiel Stimmen, die ihn ermahnen oder beschimpfen; hier handelt es sich dann schon um psychotisches Erleben.

Eigene Gefühle und Einstellungen können zur inneren Konfliktentlastung auch dann anderen Menschen zugeschrieben werden, wenn zwischen Innen und Außen gut unterschieden wird (*Projektion*).

Weitere Ich-Funktionen:

Affekttoleranz: Affekte (Gefühlsreaktionen mit Ausnahme der Stimmungen und der Körpergefühle) aushalten können.

Affektkontrolle: Affekte beherrschen können, so daß sie nicht zum Handeln führen müssen.

Angsttoleranz: Die Fähigkeit, Angst auszuhalten.

Frustrationstoleranz: Die Fähigkeit, Versagungen zu ertragen.

Impulskontrolle: Die Fähigkeit, Impulse zu beherrschen.

Sublimationsfähigkeit: Die Fähigkeit, Triebimpulse nicht in der ursprünglichen Form zu befriedigen, sondern in einer ähnlichen, sozial meist höher bewerteten Form, zum Beispiel orale Wünsche durch Aufnehmen von Lesestoff, anale durch Sammeln von Gegenständen und die Beschäftigung mit ihnen. Von der Sublimation ist die *Ersatzbefriedigung* zu unterscheiden.

Antizipationsfähigkeit: Die Fähigkeit, Folgen eigenen Handelns voraussehen zu können; dazu gehört auch, daß man sich vorstellen kann, wie ein anderer auf einen reagiert.

Urteilsfähigkeit: Komplexe Ich-Funktion, die andere voraussetzt und einbezieht, nämlich: Realitätsprüfung, oft auch Introspektion, Antizipationsfähigkeit, die Fähigkeit, auch komplexere Handlungsentwürfe in exakter Phantasie zu "testen", ohne sie ausführen zu müssen. Diese Ich-Funktion ermöglicht es, eine Situation zu erfassen, aber auch deren Entwicklungsmöglichkeiten. Die so gewonnenen Informationen können dann zur Grundlage eigenen Handelns gemacht werden.

ICH-PSYCHOLOGIE: Schulrichtung der Psychoanalyse, die Funktionsweisen des Ich in den Mittelpunkt der Beobachtung und Beeinflussung stellt. Dabei werden auch die Einflüsse interpersoneller Beziehungen berücksichtigt. Die Ich-Psychologie strebt Verbindungen zur allgemeinen sogenannten akademischen Psychologie und zur Sozialpsychologie an.

ICH-SPALTUNG s. Abwehrmechanismen.

IMPULSKONTROLLE s. Ich-Funktionen.

INTROSPEKTION s. Ich-Funktionen.

ISOLIERUNG VOM AFFEKT s. Abwehrmechanismen.

OBJEKT: "Das Gegenüber", psychoanalytische Bezeichnung von Person. Stammt aus der Philosophie.

OBJEKTBEZIEHUNGSTHEORIE: Richtet ihr hauptsächliches Augenmerk auf die zwischenmenschlichen Beziehungen und ihre Auswirkungen. Sie spricht von der *inneren Welt* eines Menschen, in der Erinnerungsspuren und Vorstellungen von Personen existieren, mit denen dieser Mensch bisher umgegangen ist und zur Zeit umgeht. (Statt von Personen spricht man in der Psychoanalyse auch von Objekten.)

OBJEKTIMAGO: Vorstellung von einem Objekt.

OBJEKTSPALTUNG s. Abwehrmechanismen.

ÖDIPAL: Zur ödipalen Phase gehörig, wo die Beziehungen zu den Eltern wesentlich durch die Geschlechtsunterschiede bestimmt sind.

ÖDIPUSKOMPLEX, POSITIVER: Entwicklungsphase, in der das Kind Partner des *gegen*geschlechtlichen Elternteils sein möchte und das gleichgeschlechtliche Elternteil als Rivalen empfindet.

ÖDIPUSKOMPLEX, NEGATIVER: Entwicklungsphase, in der das Kind

Partner des *gleich*geschlechtlichen Elternteils sein möchte und das gegengeschlechtliche Elternteil als Rivalen empfindet.

ORAL: Auf den Mund bezogen, Entwicklungsphase, in der sich die Wahrnehmungen und Aktivitäten des Kindes auf die Mundregion konzentrieren.

PASSIV-FEMININ: Verhalten eines Mannes, der mit Männern in Konkurrenz steht, aber nicht kämpft, sondern sich ihnen unterwirft und dadurch eine gute Beziehung zu ihnen sucht.

PHALLISCH-NARZIßTISCH: Fixierung auf die Zeit, in der die Anerkennung der Geschlechtseigenschaften wichtig wird, das Dreieck des ödipalen Beziehungskonflikts sich aber noch nicht ausgebildet hat. Die phallische Entwicklungsphase überlappt sich bald mit der ödipalen und ist deshalb schwer von ihr zu trennen. Bedingt ein Verhalten, das man als phallisch oder phallisch-narzißtisch bezeichnet. Narzißtisch bedeutet in diesem Zusammenhang, daß narzißtische Zufuhr (Bewunderung) bezüglich der Geschlechtseigenschaften angestrebt wird.

PROJEKTION s. *Abwehrmechanismen, Übertragung*.

PROJEKTIVE IDENTIFIKATION: Kombinierter innerpsychischer und interpersoneller Vorgang, in dem bewußte, vorbewußte oder unbewußte Eigenschaften des inneren Bildes von einem selbst oder des inneren Bildes von einem Objekt durch unbewußte Manipulation in einer Außenperson erzeugt werden; s. auch: *Übertragung,* s.a. Kapitel: Einführung.

REAKTIONSBILDUNG s. Abwehrmechanismen.

REALITÄTSPRÜFUNG s. Ich-Funktionen.

SELBST: Die ganze eigene Person mit bewußten und unbewußten Anteilen.

SELBSTREPRÄSENTANZ: Selbstwahrnehmung und Erinnerungsspuren an das eigene Selbst.

SELBSTIMAGO: Bewußte, vorbewußte und unbewußte Vorstellung von einem selbst.

STEUERNDES OBJEKT: Innere Struktur, die das realitäts- und sozialadäquate Verhalten eines Menschen steuert. Personen in der Außenwelt können es substituieren, wenn es mangelhaft entwickelt ist (äußeres steuerndes Objekt). Das ist bei Personen mit einer phobischen Struktur der Fall.

SUBLIMATIONSFÄHIGKEIT s. Ich-Funktionen.

SUPPRESSION s. Abwehrmechanismen.

SYMBIOSE: Beziehungsform im Nicht-Getrenntsein.

TRIADE: Drei Personen, die miteinander in Beziehung stehen.

TRIANGULIERUNG: Dreiecksbildung. Überführung einer Zweipersonenbeziehung in eine Dreipersonenbeziehung.

ÜBER-ICH: Gewissen. Hat auch unbewußte Anteile.

ÜBERTRAGUNG

Die Erfahrungen im Umgang mit Menschen *überträgt* man auf Menschen, die man neu kennenlernt. Besonders wichtig und wirksam sind Erfahrungen mit den Menschen der Ursprungsfamilie. Solche Erfahrungen werden von uns oft auf Menschen, die wir neu kennenlernen, übertragen: Wir sehen Menschen, die wir neu kennenlernen, im Lichte der früheren Erfahrungen. Jeder Mensch möchte Neues kennenlernen, aber auch Vertrautes wiederfinden. Vertrautes wiederzufinden gibt ein *Sicherheitsgefühl*: man weiß, wie man zu reagieren hat und was man erwarten kann. Da aber jeder Mensch anders ist, sollte man auch für neue Erfahrungen offen sein. Wenn man jeden neuen Menschen so erleben würde wie frühere Menschen, würde man diesen neuen Menschen in mancher Hinsicht verkennen.

Ist der Wunsch groß, Vertrautes wiederzufinden - ich spreche von einem Wunsch nach *Familiarität,* dem Wunsch nach einem Vertrautsein mit Personen oder "Objekten" - so wird der Mensch sogar versuchen, jemanden, den er neu kennenlernt, so zu beeinflussen, daß er sich möglichst *ähnlich* verhält wie Personen, mit denen er schon umgegangen ist. Diese Einflußnahme ist unbewußt. Ich spreche dann vom *interaktionellen Anteil der Übertragung* oder einer *projektiven Identifikation vom Übertragungstyp* (KÖNIG 1991). Jemanden, der einen an einen bösen Menschen erinnert, wird man vielleicht provozieren, so daß er sich wirklich böse verhält. Jemanden, der einen an einen guten Menschen erinnert, wird man so behandeln, daß er sich einem gegenüber spendend, fördernd oder in anderer Weise positiv einstellt.

(Man kann auch im anderen etwas von sich selbst wiederfinden mögen. Auch das gibt ein Gefühl der Sicherheit, weil man sich selbst ja gut kennt. Eine unbewußte Beeinflussung, die dieses Ziel hat, nenne ich *projektive Identifikation vom kommuni-*

kativen Typ. Man bringt den anderen zu einem Verhalten, das man von sich selbst kennt, und hofft dann unbewußt, sich mit ihm besser verständigen zu können).

UNBEWUẞTES: Dem Bewußtsein nicht zugänglich. Unbewußtes kann nur bewußt werden, wenn Abwehrmechanismen in einer Therapie bearbeitet oder unter dem Einfluß von Änderungen der Lebensverhältnisse überflüssig werden. Die Inhalte des Unbewußten beeinflussen bewußtes Erleben und Verhalten.

URTEILSFÄHIGKEIT s. Ich-Funktionen.

VERDRÄNGUNG s. Abwehrmechanismen.

VERKEHRUNG ins Gegenteil s. Abwehrmechanismen.

VERSCHIEBUNG s. Abwehrmechanismen.

VORBEWUẞTES: Zur Zeit nicht bewußt, dem Bewußtsein aber durch einen Willensakt zugänglich. Manche Psychoanalytiker nehmen an, daß es einen "zweiten Zensor" zwischen dem Vorbewußten und Bewußten gibt, ähnlich wie zwischen dem Bewußten und dem Vorbewußten.

Wenn Sie weiterlesen möchten ...

Karl König

Charakter und Verhalten im Alltag

Jede Charakterstruktur hat natürlich – wir sind freie, selbstbestimmte Menschen – eine ganze Bandbreite von Möglichkeiten, wie sie auf die Anforderungen des Lebens und die Mitmenschen reagieren kann. Aber das Grundmuster setzt doch bestimmte Grenzen, und die sind dann nahezu unüberwindbar.
Im Miteinander der unterschiedlichen Charaktere entfaltet sich das bunte Leben in aller Vielfalt. Wenn man Königs Blick folgt und genau hinsieht, wird es erklärlich und sogar vorhersehbar.

Thomas Auchter / Laura Viviana Strauss

Kleines Wörterbuch der Psychoanalyse

Dieses kleine Wörterbuch will ein sprachlicher Brückenschlag sein hin zu interessierten Menschen. Es bietet eine verständliche Übersicht über psychoanalytische Begriffe. Eine Reihe dieser Begriffe sind in den allgemeinen Sprachschatz übergegangen (z. B. Hysterie, Manie, Projektion, Verdrängung), dabei sind allerdings Verwässerungen, Verzerrungen und Mißverständnisse nicht ausgeblieben – das Wörterbuch leistet hier Aufklärung.

„Sollten Sie hingegen endlich verstehen wollen, was die des psychoanalytischen Jargons Mächtigen eigentlich meinen, dann sollten sie sich dieses Buch zulegen. Sie werden merken, daß Ihnen die Lektüre von psychologischer Fachliteratur bald leichter fallen wird, wenn Sie in diesem Buch nachschlagen können. Die ‚Profis' werden das heimlich tun, der interessierte Laie darf sich die Geheimhaltung durchaus ersparen. Ehrlich gestanden: das Buch wird auch in der KONTAKT-Redaktion seinen fixen Platz erhalten." *KONTAKT*

Burkhard Vollmers

Einladung zur Psychologie

Psychologie ist populär wie nie und zugleich eine Geheimwissenschaft. Es gibt eine „Küchenpsychologie“, in der jeder herumdilettieren darf, und eine akademische Disziplin, die mehr mit Mathematik zu tun hat als mit der Psyche.
Einladung zur Psychologie ist ein Orientierungsbuch. Es ist ein Streifzug durch die Geschichte,dasGedankengebäude und die Arbeitsfelder der wissenschaftlichen Psychologie. Aus den Alltagserfahrungen des Lesers führt der Autor, allgemeinverständlich und jederzeit leicht nachvollziehbar, zum aktuellen Stand psychologischer Fragestellungen, Methoden und Forschungsgebiete.
Nach der Lektüre wird jedem eine profunde Einschätzung möglich sein, was die Psychologie für sein eigenes Leben und das seiner Mitmenschen zu erklären vermag.

Gerald Hüther

Bedienungsanleitung für ein menschliches Gehirn

In der modernen Hirnforschung wurden bahnbrechende Entdekkungen gemacht. Die sogenannte Plastizität des menschlichen Gehirns bedeutet, dass es lebenslang veränderbar, ausbaubar, anpassungsfähig ist.
Wenn das Gehirn eines Menschen aber so wird, wie es gebraucht wird und bisher gebraucht wurde, dann stellt sich die Frage, wie wir eigentlich mit unserem Gehirn umgehen müssten, damit es zur vollen Entfaltung der in ihm angelegten Möglichkeiten kommen kann.
In einer leicht lesbaren, bildreichen Sprache geht der Neurobiologe Gerald Hüther diesem Fragenkomplex nach und gelangt zu Erkenntnissen, die unser gegenwärtiges Weltbild erschüttern und die uns zwingen, etwas zu übernehmen, was wir bisher allzu gern an andere Instanzen abgegeben haben: Verantwortung.

Gerald Hüther

Die Macht der inneren Bilder

Wie Visionen das Gehirn, den Menschen und die Welt verändern

Innere Bilder – das sind all die Vorstellungen, die wir in uns tragen und die unser Denken, Fühlen und Handeln bestimmen. Es sind Ideen und Visionen von dem, was wir sind, was wir erstrebenswert finden und was wir vielleicht einmal erreichen wollen. Es sind im Gehirn abgespeicherte Muster, die wir benutzen, um uns in der Welt zurechtzufinden. Wir brauchen diese Bilder, um Handlungen zu planen, Herausforderungen anzunehmen und auf Bedrohungen zu reagieren. Aufgrund dieser inneren Bilder erscheint uns etwas schön und anziehend oder hässlich und abstoßend. Innere Bilder sind also maßgeblich dafür, wie und wofür wir unser Gehirn benutzen.
Woher kommen diese inneren Bilder? Wie werden sie von einer Generation zur nächsten übertragen? Was passiert, wenn bestimmte Bilder verloren gehen? Gibt es innere Bilder, die immer weiterleben? Benutzen nur wir oder auch andere Lebewesen innere Bilder, um sich im Leben zurechtzufinden? Gibt es eine Entwicklungsgeschichte dieser inneren Muster?
Der Hirnforscher Gerald Hüther sucht in seinem neuen Buch nach Antworten auf diese Fragen – nicht als Erster, aber erstmals aus einer naturwissenschaftlichen Perspektive. So schlägt er eine bisher ungeahnte Brücke zwischen natur- und geisteswissenschaftlichen Weltbildern, die eine Verbindung zwischen materiellen und geistigen Prozessen, zwischen der äußeren Struktur und der inneren Gestaltungskraft aller Lebensformen schafft.